图书在版编目（CIP）数据

如何选中一年翻3倍的小盘股 /（日）远藤洋著；朱佳译.
—北京：中国青年出版社，2023.1
ISBN 978-7-5153-6811-5

Ⅰ.①如… Ⅱ.①远… ②朱… Ⅲ.①股票投资 – 基本知识 Ⅳ.①F830.91

中国版本图书馆 CIP 数据核字（2022）第201786号

如何选中一年翻3倍的小盘股

作　　者：［日］远藤洋
译　　者：朱　佳
策划编辑：刘　吉
责任编辑：肖　佳
美术编辑：张　艳
出　　版：中国青年出版社
发　　行：北京中青文文化传媒有限公司
电　　话：010-65511272 / 65516873
公司网址：www.cyb.com.cn
购书网址：zqwts.tmall.com
印　　刷：大厂回族自治县益利印刷有限公司
版　　次：2023年1月第1版
印　　次：2023年1月第1次印刷
开　　本：880×1230　1 / 32
字　　数：120千字
印　　张：5.5
京权图字：01-2022-3497
书　　号：ISBN 978-7-5153-6811-5
定　　价：49.90元

版权声明

如何选中
一年翻3倍的
小盘股

[日]远藤洋 著

10万円から始める！

小型株集中投資で 1億円

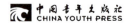
中国青年出版社
CHINA YOUTH PRESS

步骤 1　一年内翻3倍以上的股票的共同点

步骤 4　上涨的股票分两类

步骤 5　你的身边就有宝藏信息

步骤 6　要清楚"买入时""卖出时"

步骤 7　股价图的活用法

步骤 8　股票投资中不要做的8件事

我成为投资人的缘由

开始于暑假消遣

我开始投资是读大学3年级的时候。

大学的暑假，从8月到9月有两个月左右。

那会儿，想着"干点什么新鲜事儿吧"，不经意间浮现在脑海中的就是"投资"。

相当轻松的决定，竟成了人生的转折点。

话虽如此，可当时关于投资一点儿也不懂。

只从电影和漫画里看到过那种场面而已，有"运作巨款，好像很酷"的模糊印象。

就这样，以打发暑假的心情，还轻松地想着"做得好，还能赚钱，真是一举两得"。（这下成了我的仇敌，之后吃了不少苦头……）

虽说是投资，可具体做什么，完全不知道。

真的是"投资相关的知识为零"。

从上网搜索开始，边试探边开始。

零知识挑战外汇交易

虽说是投资，但就连投资分多少种，我都不知道。

一查才知道，除了股票之外，还有面向个人的国债/公司债、基金、ETF（交易型开放式指数基金）、REIT（不动产投资信托基金）、黄金、期货交易、FX（外汇保证金交易/外汇交易）等许多交易产品。

从中，我选了"小额资金也能投资"的外汇交易。

但外汇交易是什么，我完全不知道。

凭着我自己的"比起学，还是该适应"的信条，想着"不管怎样，先做做看"，就轻松地开始了。

先上网找到网上证券，开一个外汇交易的账户，把当家教攒的30万日元用来做"保证金"。

对于上大学的我来说，30万日元是一笔巨款。并且在当时，几乎是赌上了我银行账户里的全部财产。

外汇交易如果使用杠杆的话，可以运作比保证金多很多的资金。

当时外汇交易的杠杆率可以到100倍，也就是说使用30万日元的保证金可以运作3000万日元的资金。

但我就连这样的基本常识都没有，就开始了高风险的外汇交易之旅。

转眼间就亏得血本无归……

在完全不懂的情况下，我登录进入网上证券的账户，输入"日元兑美元，买10个"，就按下了买入指令。

有一种"先买10个试试"的心态。

可是，之后才发现这是"10万美元"，换算成日元就是1000万日元以上的买入指令，我当时吓得脸色都白了……

完全不懂投资的外行轻率地就出手外汇交易，不可能做好。

转眼间30万日元的保证金全都亏没了。

失去了当时几乎全部的财产，我郁闷了好久……

但是，却没想过要放弃。

这回我深刻反省，要好好学习。

从那时起，我买了很多投资相关的书籍和杂志，开始了对投资的学习。

投资股票时试着投资那些有名的公司

外汇交易亏得血本无归后，我将打工攒下来的10万日元重新当作本金，做起了股票投资。

随着对各种各样投资知识的学习，明白了外汇交易是有人赚就一定有人赔的零和游戏。

（更准确地说，应该是被证券公司赚了手续费的"负和游戏"。）

外汇交易的原理很简单，两国货币兑换时的价格差所产生的收益或者损失。

例如以100日元兑1美元买入1美元，110日元卖出的话就赚了10日元，90日元卖出的话就损失10日元。

买入美元的时候，其背后一定有谁在卖美元。

也就是，有人赚就一定有人赔，而对手也可能是专业的金融从业者。

你有自信赢过专业的从业者吗?

和外汇交易不同，对于股票来说，如果认真地选到了股价上涨的股票，是大家都能赚钱的"正和游戏"（投资）。

因此，为了买卖股票，我开设了证券账户，往里打了款。

然后，想着先来投资那些听过的知名公司吧，就投资了那些谁都知道的大公司，还有那些有股东优待不错的公司。

那时我坚信谁都知道的知名公司是稳妥的投资对象。

但是，等啊等，股价磨磨蹭蹭完全没有上涨的迹象。别提那些知名公司了，股价还不断地下滑。

现实总和当初的预想偏离，"这是为什么呢? 好奇怪呀!" 我一边焦虑地思考原因，一边按照自己的方式调查起来。

之后，我才逐渐明白股价停滞不前的根本原因。

那就是……

- 市场份额已经很大的知名公司上涨空间
  有限
- 知名公司因为知名度很高，大家都已经
  持有其股票，新买入的人很少

这时候，我才意识到**"投资市值还很小的公司上涨几倍的可能性更高"**！

对我来说，这是我投资的转折点，到现在找股票，**都一定把投资对象聚焦在那些市值小的小盘股上。**

用和投资一样的想法选择工作单位

从知名大公司转移到小公司的不只是投资对象。

当时我正在找工作，寻找的公司也聚焦在那些**"即使现在还是无名小卒，但将来很可能成长为有名的公司"的公司。**

投资是投入自己的"金钱"，而工作就是投入自己的"时间"。投资和工作的基本想法是一致的。

虽然参加了很多招聘会，但感觉哪家大公司都一样，完全提不起兴趣。

既然是选择投入自己宝贵时间的工作单位，就把那些没有魅力的大公司都从名单中删除了。

实际上，我大学毕业后，加入了运营旅行比较网站"Travelko"名叫Opendoor的IT创业公司。

2010年我入职的时候，公司虽还没有上市，但2015年登陆东证Mothers市场，2016年实现在东证1部市场的上市。

近年来，常见"Travelko"的电视广告，想必很多人都知道吧。

Opendoor上市后市值翻了6倍以上，因此我也为自己当初的判断而感到骄傲。

从创始人社长身上学到商业的本质

Opendoor的创始人关根大介社长是松下电器（现在的Panasonic）创始人松下幸之助先生的曾孙，也很器重我。

他几乎每周都叫我一起去喝酒。席间，从商业的原理原则到公司员工的职责等等，我学到了很多作为职场人所需的宝贵的知识。

实际上，我"集中投资小盘股"的投资风格，也是受到了这一时期关根社长的教导以及在Opendoor的职场经验的影响。例如以下这些要点。

☑ 让顾客开心是商业的王道

☑ 上司也是一名顾客，所以也是争取好感的对象

☑ 彻底从用户的角度去思考

☑ 列举再多不行的理由也赚不到1日元

☑ 思考可行的办法才能创造价值

☑ 创始人社长和经理人社长的魄力截然不同

☑ 所谓经营就是决定不做什么

在Opendoor，我参与了社交网络（SNS）的运营、新业务的企划、新员工的招聘等等，作为刚入职的新员工，有很多裁量权。

另外，私下我继续投资股票，而且赚了很多钱。

通过工作而加深对商业、公司运营原理的理解，快速提升了我的投资收益。

睡着了，一晚赔掉800万日元

有一天，我惨遭投资上的重大挫折。

那天晚上，我在家百无聊赖地躺着用手机做外汇交易，一会儿就睡着了。

第二天早上睡眼惺忪，看了一眼手机，"7位数的损失"摆在那里。

定睛一看，是800万日元的损失。也就是说，一晚赔掉800万日元这么一大笔钱！

外汇交易的账户里原本有1000万日元的余额，现在就剩下200

万日元了。

我看手机的时候还没太睡醒，还认为"可能在做梦吧"，就又睡着了。

这之后，起来了也改变不了一晚赔掉800万日元的事实。即便乐观如我，也郁闷了一周。

这次失败后，我吸取了教训，"像外汇交易这样波动剧烈的交易，一定要清醒着盯着股价图的界面"。

因为这样显而易见的事情而蒙受损失，只有真正经历过的人才知道有多痛。

像外汇和期货这样不仅要投入金钱还必须投入时间盯盘的投机，和我的人生信条"为了财富自由而投资"背道而驰，所以以这个"800万事件"为契机，我彻底不再做了。

集中投资小盘股而像翻倍游戏一样地增长资产

大学毕业后走向社会，在外汇交易上也蒙受过巨大损失，但是我没有停止过投资股票。

反而在投资上获得的收益，作为复利投进了下一笔交易。在这基础上，我还追加了一部分工资和奖金，投资股票的运作金额逐步增加。

这期间，我集中投资了像成果报酬型广告运营商的"Fan Communications"（2461 JP）、出了火爆手游Puzzle & Dragons（智龙迷城，P&D）的"Gungho Online Entertainment"（3765 JP）、生物创业公司"Uuglena"（2931 JP）等Jasdaq和Mothers等新兴市场上的小盘股，资产快速增长。

这样，我用这些从投资上获得的资金为本金，在Opendoor工作了3年半之后，也就是在我26岁的时候开始独立创业。

我把公司的资本金、运营资金、自己的生活费、投资资金等都宽裕地做了计划，"估计即使接下来几年没有收入也能活下来"的程度，做出了创业的决定。

多亏了一直以来坚持投资，即使创业失败也不会作罢。

就在刚刚独立创业之后，我集中投资了出版了火爆手游"Monster Strike"（怪物弹珠）的Mixi（2121 JP），资产翻了7倍以上。

顺便说一句，那个时候，我的创业资金和投资资金是完全分开的。

不管投资上的增产规模如何扩大，如果不能独立维持事业的话，就失去了创业的意义。

因此，即使投资上赚了再多的钱，有一段时间我也一直住在1天1000日元的合租房里。

1只股票的回报"超过1个亿"

在Opendoor工作的时候，因为策划面向智能手机的新业务，我彻底调查研究了和游戏相关的业务。独立创业后，我也发挥自己的兴趣和强项，集中投资"Colopl"（3668 JP）、"Aiming"（3911 JP）、"任天堂"（7974 JP）等游戏股，资产大增。

当然，不是所有的投资都是成功的，也有止损的时候。

即使损失，因为预先设定了损失的上限，最多损失10%—20%。这个程度的损失都是预想范围内的。

即使所持股票的一半都损失10%—20%，剩下的一般可以翻几倍的话，整体的收益还是大赚的。

这些年，因翻译机"Pocket Talk"而知名的"Source Next"（4344 JP）、邮购健康食品的"北方达人"（2930 JP）、面向医生提供服务的"Medpeer"（6095 JP）等股票翻了几倍。

尤其是北方达人，股价大约1年半翻了超过10倍，就在这一只股票上，我赚了超过1个亿的回报。

好了，前言有点长，接下来我就详细介绍一下我的投资方法。

Q "小盘股" 指什么

A

指市值较小的公司的股票

　　市值，简单地说就是"把那家公司整个买下来的价格"。东证1部上市的公司（超过2000家）中，有市值前100只的"大盘股"、紧随其后的400只的"中盘股"以及之外的"小盘股"。在"Jasdaq"、"Mothers"（东京证券交易所）、"Centrex"（名古屋证券交易所）、"Ambitious"（札幌证券交易所）、"Q-Board"（福冈证券交易所）等新型市场上市的股票也是小盘股。本书主要讨论的是**市值小于300亿日元的小盘股**。

A

基本上就是集中地投资一只股票

基本上就是寻找那些1年以内股价可能翻3倍以上的股票，然后集中投资。和分散投资不同，因为认真地做到"找到买入卖出"潜力股的操作，所以可以提高胜率。资金量增长了，投资几只也可以，但一般"最多3只"。

Q

"集中投资"指什么

集中投资1年以内股价可能翻3倍以上的股票！

介绍一下我集中投资
小盘股的业绩

集 中 投 资

Source Next (4344 JP)

主要产品是电脑用的低价软件、防病毒软件市占率靠前、
翻译机"Pocket Talk"火爆

股价：150日元 → 750日元

大约1年涨至5倍

关注时点 2017年10月

关注理由 高度看重在访日外国人游客增长的时点，发
售实现了机器猫的翻译魔芋的"Pocket Talk"

Phil Company (3267 JP)

向计时停车场的老板提案在上层空间里建设空中店铺
（出租店铺）

股价：2000日元 → 9000日元

大约6个月涨至4.5倍

关注时点 2017年8月

关注理由 Phil的主营业务是利用城市内停车场的上层空
间进行建造。对于土地持有者来说有益，没有拒绝其提案
的理由。看重其成长性

小 盘 股 的 业 绩 （期间和股价是概算）

北方达人（2930 JP）

网络销售以低聚糖为原料的"快适低聚糖"等
健康食品和化妆品

股价：70日元 → 1000日元　　**大约1年涨至14倍**

关注时点 2017年3月

关注理由 我知道一家和它商业模式相似、利润率较高，
但还未上市的公司。看重创始人吸取过去追赶潮流而失败
的经验、重新构建起新的商业模式这一点

Blangista（6176 JP）

推广以广告为盈利模式的电子版杂志、
发布了秋日元康监制的手游

股价：1500日元 → 15000日元　　**大约6个月涨至10倍**

关注时点 2016年12月

关注理由 秋日元康氏制作的手游"神之手"话题性出
众，销售之前还发表了十分自信的评论，预期先行，而推
动股价急速攀升

Pepper Food Service（3053 JP）

运营牛排店"Pepper Lunch"和立食餐饮店
"突如其来的牛排"

股价：600日元 → 8000日元

大约9个月涨至13倍

关注时点 2016年2月
关注理由 在东京市内偶然看到"突如其来的牛排"门
口的长队。之后，在股价开始上涨之前跟踪了1年左右

Goldwin（8111 JP）

运动服饰的实力品牌，
运营户外运动品牌"北面"

股价：4000日元 → 18000日元

大约3年半涨至4.5倍

关注时点 2015年10月
关注理由 2015年9月关注到其投资了以蜘蛛丝为原料制
作纤维等的创业企业"Spider"，看重其长期培养起来的知
名户外品牌"北面"人气不减

RIZAP集团（原来的健康公司，2928 JP）

运营减肥健身房"RIZAP"和邮购美容、
健康商品业务

股价：40日元 → 270日元　　**大约1年涨至6.8倍**

关注时点 2014年6月

关注理由 当时看了RIZAP的广告，注意到这是有市场需求的服务。之后，公司经过反复的并购（M&A），股价在最高点超过1500日元

Mixi（2121 JP）

运营社交网络"Mixi"，手游
"Monster Strike"（怪物弹珠）是利润的源泉

股价：300日元 → 6000日元　　**大约9个月涨至20倍**

关注时点 2013年11月

关注理由 推测Moster Strike将会流行。预测公司的股价将像在之前发布了火爆手游"Puzzle & Dragons"（智龙迷城）的"Gungho Online Entertainment"（3765 JP）一样暴涨

Ugulena（2931 JP）

销售发挥"绿虫"作用的功能性食品
和化妆品

股价：300日元 → 3000日元

大约5个月涨至10倍

关注时点 2013年1月

关注理由 2012年12月Ugulena在东证Mothers上市前，听了出云充社长的演讲，对其远见卓识深有共鸣。得知公司上市，看中其高成长性，同时支持这位社长的投资人心理也起到了一定的作用

Fan Communication（2461 JP）

运营"A8"和"nendo"等成果报酬型
广告界的头部公司

股价：200日元 → 2000日元

大约1年涨至10倍

关注时点 2012年11月

关注理由 当年工作时使用过这家公司的面向智能手机的广告发信系统，发现效果非常好。从普通手机过渡到智能手机这一趋势也是锦上添花

我们

集中投资小盘股而实现1亿日元的路线图

看一下 ✔

投资初期最容易停滞不前

首先，脑海里先有一个集中投资小盘股而构筑起1亿日元资产的全景图。

大多数人想象的资产变动的过程和实际过程大不相同。

大多数人会模糊地想到所谓投资就是成功和失败交替反复之间，财富一点点积累。

实际上，投资初期，实现不了预期成果的情况居多。遗憾的是，很多人受挫于这个"初始期的停滞不前"就放弃了投资，多可惜。如果逾越这个阶段，就会豁然开朗。

构建起直至资产1亿日元的全景图，就可以避免当理想和现实出现差距时中途放弃。

并且可以快速穿越初始期停滞的隧道，攀升到上升的成功曲线。

当然，穿越这个隧道的时间因人而异。有人只花几个月，有人历经数年。从0开始自学投资的我，大约花了3年。

但是，这里要给大家提供一些早日穿越隧道的建议，请大家放心。

首先看一下从"手头10万日元"构建起资产1个亿的全景图。

从10万日元起步构建起大规模资产的人，除我之外还有其他人。如果连10万日元都没有的话，抛开投资不说，我想那钱的使用方法一定有些问题。停止不必要的支出，完全可以准备出来。

接下来，就具体地看一下。

股票投资的理想和现实的差距

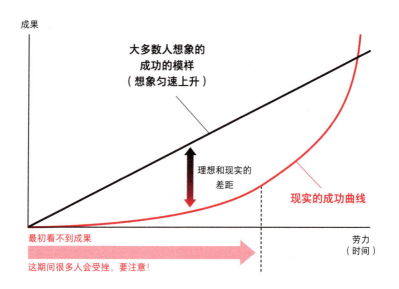

第一阶段 ▶ 资产10万日元至100万日元

先在券商那里开户，开始投资。

"先开始试试看"是非常重要的，因此才会有之后的行动，所需的信息也会随之而来。

以本书中案例为参考，在自己的预算范围内**集中购买一只股票**。**这个阶段绝不要买几只而进行分散投资。**

这个阶段最重要的是，"**集中在1只股票上，熟悉股价的涨跌，了解这只股票的特点**"。

最后即便跌了10%—20%进行止损，也能从花钱投资这一过程中会学到很多东西。

渐渐习惯之后，可以投入一些工作上赚来的钱，将投资收益也投进去，逐步扩大投资额。

就像在前边解释过的，最初很难获得预想的收益。但在这里就放弃的话，非常可惜，千万不要这样。

如果想到日后你的资产会大幅增加的话，目前为止的损失都可以算作误差！

假设投了10万日元，亏了2万日元的时候及时止损，而之后不再犯同样的错误的话，就相当于将来资金变成1000万日元的时候，减少了损失200万日元的风险。

把在这个阶段集中投资小盘股当作"练习比赛"。不要拘泥于眼前的小赢小亏，不断挑战才是重要的。这样不断地积累经验、学习知识才是这个阶段的重中之重。

马上去开户，集中投资一只股票！

第二阶段　资产100万日元至1000万日元

这个阶段资产增增减减，还可能停滞不前，但资产暴增的拐点某一时刻就会来临。

还是要在下跌10%—20%的时候止损，但坚持不懈继续投资很重要。

不仅限于投资，很多人事情做不好的原因就是"中途放弃"。

反正在投资的世界里，仅是"认真地坚持"就会让将来的资产多一位甚至两位。

即使在这个阶段，基本也是买1只股票，最多3只。

渐渐熟悉投资后，会想跳出自己的投资风格尝试很多其他的方法，但赔钱的可能性也会增加，千万不要这样做。

同时持有很多只股票，如果哪只的跟踪都浅尝辄止，赔钱的可能性反而更高。

为了防止这一点，不要做不必要的分散投资，尽可能地聚焦在少数的几只股票上，一以贯之集中投资小盘股。

> 集中投资1只，
> 最多3只！

第三阶段 ▶ 资产1000万日元至3000万日元

到了这个阶段，接下来的投资会轻松很多。

伴随投资额变大，仅是自己的交易就可能影响股价，集中投资1只股票的话有些难度。

虽然是为了规避风险进行分散投资，**但最多也不要超过3只。**

这样的话，投后可以认真地跟踪股价动向和新闻，比起分散投资，结果上是规避了风险。

还要再强调一下，千万不要做不必要的分散投资。

自己持有什么股票，也不太了解那家公司的情况，还有人都不记得当初为什么买了它。

在这个阶段虽然多少积累了一些资产，但是投资业绩不理想的人很多是做了不必要的分散投资。

为了以防万一，也别忘了准备一些富余资金。大概全部资产的一到两成吧。

接下来的投资
会轻松很多！

资产扩大到这个阶段的人在投资上的想法应该没有错。接下来继续做好前期调研，尽量低价买入那些有可能进入上升通道的股票。

越是资金富余越想分散风险，会想出手很多只股票，但这个阶段最多也就持有5只。

这个阶段如果不是相当有把握的股票，不推荐只投一只股票。也就是说，最好作罢。

这个阶段的要务是"不让资产减少"。

资产要是几百万的话，即使减半还可以挽回，但这个阶段资产减半的话打击太大了。

如果没有找到合适的股票，或者还不是买的时机，不勉强去投资也是出色的投资判断。

投资金额以数百万单位波动的情况变得多起来，花在投资上的时间也要增加。

这是有必要考虑"防守型投资"的阶段，所以一定要确保富余资金。

富余资金要占全部资产的两到三成。

要务是不让
资产减少！

恭喜你！资产过亿的你在日本可以进入前2.3%的资本家行列了。

作为达到资产过亿的奖励，一定要给自己买个礼物。从我个人的经验来讲，事先给自己定一个奖励的话，会更努力，大脑也更勤奋。

我自己的话，是奖励自己去旅行一个月。

投资赚钱很重要，但是只赚不花的话金钱就不过是数字而已。只有使用了，让自己的人生丰盈起来才是投资的真正的目的。

同时，到达这个阶段，会感到"人外有人，天外有天"。

资产10亿日元、100亿日元，也许还想再上一层楼，但这时要认真思考**"对于自己来说，幸福是什么"**。

有人盯着股价图就很幸福，有人会因不被金钱所累自由地生活而感到幸福。

而对于我来说，幸福就是"有美食，有好酒，还有开心的朋友"。

未来结婚生子后，价值观可能会改变，但现在只要有这三样，就觉得很幸福了。

一定要好好想想对于自己来说什么是幸福，然后去寻找实现幸福的道路。

那么，让我们以1亿日元为目标，开始集中投资小盘股吧！

步骤

1

一年内翻3倍以上的
股票的共同点

最强的集中投资小盘股的策略

对于由少量资金开始的个人投资者来说，我觉得最好的投资策略就是集中投资小盘股。这是我经历了种种失败后，摸索出的投资风格。

基本策略就是，**找到一年内股价翻3倍的小盘股，然后集中投资。**

反过来说，**无论如何有魅力的公司，如果一年内股价不能翻3倍以上的话，**也不用考虑。

2018年暴涨的股票

MT Genex 9820 JP	JASDAQ Standard	2018/02/13 最低价1921日元	2018/09/25 最高价45950日元	23.9倍
ALBERT 3906 JP	东证 Mothers	2018/02/06 最低价1200日元	2018/11/29 最高价16730日元	13.9倍
OKWAVE 3808 JP	名证 Centrex	2018/01/04 最低价600日元	2018/05/07 最高价8060日元	13.4倍
地域新闻社 2164 JP	JASDAQ Growth	2018/01/10 最低价431日元	2018/11/06 最高价5000日元	11.6倍
Extreme 6033 JP	东证 Mothers	2018/05/21 最低价610.5日元	2018/11/06 最高价5000日元	10.3倍
Just Planning 4287 JP	JASDAQ Standard	2018/01/30 最低价301.6日元	2018/07/20 最高价2289.9日元	7.6倍
Brainpad 3655 JP	东证1部	2018/01/04 最低价1316日元	2018/11/29 最高价8560日元	6.5倍
Terilogy 3356 JP	JASDAQ Standard	2018/01/04 最低价326日元	2018/08/15 最高价1954日元	6.0倍
共同PR 2436 JP	JASDAQ Standard	2018/02/09 最低价456.9日元	2018/08/15 最高价2448日元	5.4倍
JMC 5704 JP	东证 Mothers	2018/02/06 最低价484.5日元	2018/10/01 最高价2490日元	5.1倍

集中投资小盘股爆赚1个亿！
一年内翻3倍以上的成长股的
8个考察点

✅ **上市5年以内的公司**

✅ **市值较小（300亿日元以下）**

✅ **创始人社长还在工作**

✅ **社长和高管是大股东**

✅ **有高学历的校招毕业生**

✅ **员工平均年龄比较小**

✅ **提供大家都想要的产品**

✅ **股价呈上升趋势**

这其中，有的股票还能成长为"10倍股""20倍股"，基本就是找到股价翻3倍以上的股票。

股价快速上涨10倍以上的股票，用棒球术语来形容，相当于1场比赛10个本垒打的"10倍股"。

个人投资者从少量资金起步开始目标为1亿日元的投资，和投资大公司的股票还有买基金（股票和债券等混合的金融产品）等方式的投资，策略本身就明显不同。

大公司的股票无论好坏，已经有稳健的运营基础，成长空间有限，一年内翻几倍的可能性极低。

证券公司和银行推荐的基金，基本都是金融机构会赚钱的金融产品，我不推荐。

（这个话题我们之后再说。）

那么，就说说挑选一年内翻3倍以上的股票的考察点（请参考上一页的表格）。

全部都符合的股票比较少见，条件符合得越多，快速上涨的潜力就越大。

那就逐一详细地说一下。

☑ 上市5年以内的公司

一年内翻3倍以上暴涨的股票的共同点之一就是"刚上市不久"。

理由很简单。

刚上市不久（从市场上融资）的公司，利用这些资金扩大业务的空间更大。

越是有实力的公司，越能充分运用所融资金，在5年内提升业绩，抬高股价。

相反，上市后5年内业绩和股价都没怎么涨的公司，之后也不会高。

但即使是上市5年以上的公司，如果推广的新产品、新服务爆火的话是例外。

"Mixi"（2121 JP）就是一个例子。

2006年9月在东证Mothers上市的时候，"Mixi"是社交网络的明星公司，股价不断攀升。

但是，2010年世界最大的社交网络公司美国的脸书进入日本市场后，Mixi甚至传出了要被出售的传言，业绩也大幅恶化。2014年3月财年，亏损达到2.2亿日元。

但是，上市7年后的2013年9月，Mixi发布了手游"Monster Strike"（怪物弹珠），这个成了Mixi起死回生的爆品。

像这样和过去完全不同的商品、服务爆火，公司的主营业务发生变化的情况，也可以说是公司重生（二次创业）。

考虑到也有这样的例外，要灵活考察这一点。

市值较小（300亿日元以下）

简单地说，市值就是"买下整个公司的价格"（参照第18页）。

找到一年内股价能翻3倍以上的公司，也就是找到那些一年内市值能翻3倍以上的公司。

"股价"翻3倍就是"市值"翻3倍。

把市值比作圆白菜的话更容易理解。

一颗圆白菜=市值
切下来的一条圆白菜丝=股价

股价翻3倍就是……

	市值 （现在）	市值 （3倍）	差值
小盘股 A公司	100亿日元 ➡	300亿日元	+200亿日元
中盘股 B公司	1000亿日元 ➡	3000亿日元	+2000亿日元

市值越小的公司成长空间越大，如果想要高回报的话，是比较理想的投资标的。

例如，有市值100亿日元和1000亿日元的两家公司，一年内更容易翻3倍以上的是市值100亿日元的那一家。

像上一页表格里那样，市值1000亿日元的"中盘股B公司"翻3倍的话，市值要增加2000亿日元。

相对地，市值100亿日元的"小盘股A公司"翻3倍的话，市值只需要增加200亿日元。

这样一比较市值，就明白了小盘股翻3倍的门槛很低。

这里需要说明的是，"增加的市值到底是什么"。

先说结论，**增加的市值就是"那家公司可以给社会提供的新的'价值'"。**

乍一听很茫然，市值还小的公司给社会提供有价值的商品、服务，市值翻倍也不难。

但是，市值已经很大的公司翻几倍的话，必须要新创造出影响力更大的商品、服务。

这就是市值小的公司股价更容易翻几倍的理由。

投资标的的市值300亿日元以下是个参考值。

顺便说一下，日本公司市值前三的公司如下（截至2019年11月27日）。

- 丰田汽车（7203 JP） 约25兆924亿日元
- 日本电信电话（9432 JP） 约10兆8637亿日元
- NTT DoCoMo（9437 JP） 约10兆424亿日元

这些公司股价翻3倍的话，要创造出数十兆规模的巨额的价值（商品、服务）。

因此，这些超大型公司的市值在一年内翻3倍不太现实。

市值，在网上用关键词**"公司名　市值"**搜索的话，很容易就能查到。选择投资标的的时候，一定要查一下市值。

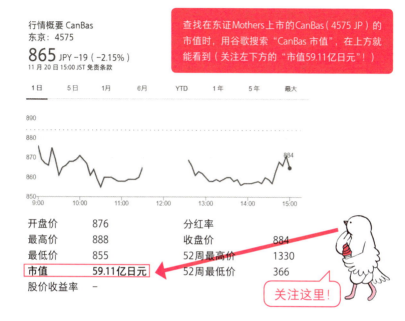

行情概要 CanBas
东京：4575

865 JPY −19（−2.15%）
11月20日 15:00 JST 免责条款

查找在东证Mothers上市的CanBas（4575 JP）的市值时，用谷歌搜索"CanBas 市值"，在上方就能看到（关注左下方的"市值59.11亿日元"！）

开盘价	876	分红率	
最高价	888	收盘价	884
最低价	855	52周最高价	1330
市值	59.11亿日元	52周最低价	366
股价收益率	−		

关注这里！

✓ 创始人社长还在工作

　　自己承担风险创业的创始人社长，和职业经理人社长相比，对于经营管理的决心和责任感、影响力的程度要强很多。

　　这也可以说是我自己大学毕业后在工作的Opendoor这家IT创业企业，从创始人社长那里直接学到的经验。

　　不是完全否定职业经理人社长，但是如果考虑"一年内让股价翻3倍的急速增长"的话，比起职业经理人社长，创始人社长具备引领精神，可以快速做出决策判断，更有可能实现急速增长。

创始人社长虽然容易陷入"一言堂"，但在经营环境瞬息万变的时代，急速成长的公司不像大企业那样采用合议制度，由存在感极强的创始人社长强势带领的例子比较多。

美国的亚马逊、脸书，日本的软银、乐天等公司即使在成长为大型企业的今天，仍旧是创始人社长在掌舵。

但同时不得不注意的是，无论好坏，公司的命运受创始人社长的格局左右。

其中，也有在IPO（首次公开发行）时就卖掉自己的持股的创业者，其目的就是赚取创始人收益（这个叫作"以上市为目标"）。

因此，也不是哪个创始人都行，仔细甄别出"这个人，就可以投给他"这一类的创始人社长非常重要。

比起社长是从员工晋升起来的公司，
创始人社长还在工作的公司成长潜力更大

☑ 社长和高管是大股东

高管和股东的利益一致对于股东来说"超级"重要。

总经理和高管是大股东的话，抬高公司的股价比提高自己的工资和奖金更能增加个人资产，他们和股东的利益是一致的。

日本企业中，市值第五大（2019 年 11 月 27 日时点约为 8 兆8817 亿日元）的软银集团的控股股东是创始人孙正义（2019 年3 月 31 日时点持股 21.94%）。孙社长的董事报酬每年 1.37 亿日元，而作为股东收到的分红 1 年大约 101.73 亿日元，所以作为股东的收入是巨大的。

软银集团的股票虽然是超大型股，但高管和股东利益一致这一点对股东来说很有魅力。

进一步思考潜在投资标的前 10 大股东是谁、持有什么立场、将采取什么行动的话，就能意识到这家公司的潜力。

创始人社长和创始成员的持股（公司的股票），在公司还有成长空间的时候几乎不会卖。

因为自己公司的发展潜力，只有公司的高管最清楚。

反过来，如果高管阵营开始卖公司的股票，就会让人想到"公司的成长已经触及天花板了"。

IR（投资者关系）的董事是大股东的话，IR 的内容会以提升股价的内容居多。

另外，负责招聘的董事是大股东的话，就倾向将招聘能够提

高股价的人才放进招聘标准。·

尤其是创业社长是第一大股东的话，对于社长来说提高股价相当于直接增加自己的资产，会有意识地开展有利于股价提升的经营策略。

相反，社长几乎不持股的话，与自己的利益挂钩的是给自己涨工资、满额领取退休金。因此，容易明哲保身，倾向于隐蔽对自己不利的信息。

这些年，东芝、富士施乐、奥林帕斯等大企业因财务造假而弄得沸沸扬扬，也是因为高管不是大股东而采取明哲保身策略的结果。

在网上搜"**公司名　大股东**"的信息，马上就可以找到，一定要考察一下。

高管是大股东、和投资者利益一致的公司比较好！

☑ 有高学历的校招毕业生

招聘高学历的优秀毕业生的创业企业，之后的3—5年几乎无一例外业绩都会增长。

我本人，大学毕业时看过很多创业公司，当时在高学历的优秀大学生间人气很高的创业公司，几乎无一例外都上市了，而且股票也都大涨。

比如下面这些家公司。

运营手游、SNS的 "Gree"（3632 JP）	2008年12月上市
日本第一的教育相关的口碑移动网站 "Itokuro"（6049 JP）	2015年7月上市
以强专业性著称的从经营战略到IT战略综合咨询公司 "Baycurrent Consulting"（6532 JP）	2016年9月上市
我工作过的 "Opendoor"（3926 JP）	2015年12月上市

学历高且优秀的大学生很多能够拿到几家知名公司的录用通知书。如果是外资公司的话，大学毕业年薪超过1000万日元也不稀奇。

从这些有品牌的知名公司、高薪外企拿到录用通知书的优秀毕业生，放弃优渥的条件而加入创业企业，多数是感受到其闪光的成长性。

这些创业公司包括IT、游戏、生物科技等，多是在今后有成长空间的赛道展开。

在有成长空间的赛道，聚集了优秀人才的公司，很容易想象到其今后会有大发展。

当然，高学历的学生不一定都能成为优秀的职场人。

但是，高学历的学生在众多选择中最终选定的就职公司，对于投资人来说也可将其作为判断其事业成长性的依据之一。

不仅限于校招的应届毕业生，通过社会招聘聚集了优秀人才的公司，比起那些没有招聘的公司，也可以作为判断其具备较高成长性的依据之一。

尽管还是很小的创业企业，但聚集了优秀的校招毕业生，一定有潜力！

☑ 员工平均年龄比较小

仅凭员工的平均年龄无法判断一个公司的成长性，但是从小盘股的成长潜力来看，年轻员工多的公司更有可能。

比起平均年龄50岁的公司，很容易想象到平均年龄20岁的公司对社会上的变化更加敏感，更能够随机应变。

平均年龄小虽然不都是优势，但在灵活地捕捉到最先进的技术、趋势，并迅速转化为商品、服务这一点上，优秀的年轻员工多的公司更有利是不争的事实。

同理，社长年轻作为投资对象也是有魅力的。

没有不可理喻的上下级关系、无聊的派系斗争，员工斗志昂扬，朝着一个共同的目标奋进的公司一定是年轻人活跃着的公司。

 提供大家都想要的产品

一定要重点关注这一条。

要想股票大涨，公司的业绩需要大幅提升（或者投资人认为会大幅提升）。

为了大幅提升业绩，必须提供消费者"想要！""想买！"的商品、服务。

朋友和家人沉迷的游戏、街上看到的门口排长队的餐饮店、最近常映入眼帘的广告等，其实我们身边潜伏着很多新的投资机会。

捕捉到目前为止漏掉的"身边的投资信息"是成为赚钱的投资人的第一步。因此，"消费者视角"发挥很大的作用。

"如果是你的话，会为这个商品、服务付费吗？"从消费者视角自问自答，虽然是简单的问题，却直击投资判断的本质。

既然投资，至少投那些提供"自己想用"或者"愿意推荐给家人和朋友"的商品、服务的公司。

做一个对潮流敏感的消费者也是在投资上获得高回报的捷径。

实际上即使还没有提供大家都想要的商品、服务，仅是预期"接下来可能提供"，就可以推动股价快速上涨。

例如，开发线上游戏的IT创业公司、开发新药的生物医药创业公司等都是这样。

第94页会详细说明，需要注意的是，因为一时的预期急速上涨，但揭开盖子一看，业绩（收入和利润）没有跟上来，那么股价可能暴跌。

股票投资就是"猜测选美比赛谁会赢的游戏"。

要点不是投给"自己认为最美的人"，而是投给"大家认为

股票投资就是选美比赛

最美的人",而且要比周围的人稍早一点投票才能够获得较大收益。

在这一点上,即使自己觉得没那么好的商品或服务,要是对自己以外的大多数人提供着"想要、想买"的商品、服务的话,那家公司的股票上涨的可能性也很高。这一点要考虑进去。

☑ 股价呈上升趋势

投资经验较少的人,一般会想到"在股价上涨前低价买入,然后等待上涨"。

但是,**资金量有限的个人投资者,投资"正在上涨的股票"的效率比较高。**

没有被关注的股票,长期不涨而被搁置的可能性比较高。

我买过的有潜力的小盘股中,有的在买的时候股价还没开涨,而且股价不涨持续了大约1年。之后,那只股票进入上升趋势,还翻了10倍。

不过,投资还没有进入上升趋势的股票,股价长时间不变,要承受非常大的机会成本。

这样说起来有些模糊,对于个人投资者来说,最后的投资时机就是比别人"快半步"。

"快一步"的话,时机过早,其他投资人还没有跟上,股价也不会动,那期间就是机会成本。

说到底就是仅先行半步。

用"**股价图**"来说的话，伴随"**成交量**"开始上涨的时机最好。

- 股价图 = 指1天、1周、1个月、半年等的股价变动的图
- 成交量 = 指买卖股票的交易量，在股价图的下方用"柱状图"表示

"**成交量=投资人的关注度**"，这样想比较容易理解。

- 成交量大的股票 = 关注度高
- 成交量小的股票 = 关注度低

把还没有进入上升趋势，但比较在意的股票放进"投资备选清单"，等待股价开始上涨后再投资也不迟。

考虑到机会成本，比起低价买进之后股价长期不动，还是在股价刚开始上涨的时机买入比较好。

伴随成交量上升、股价上涨时是"买入"的时机

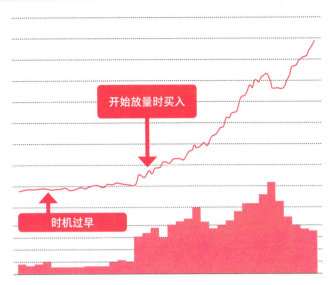

开始放量时买入

时机过早

时机过早不可取!
股价开始上涨后
开始投资也不迟!

个人投资者找到3倍股的步骤!

- ☑ 身边流行的（接下来可能会流行的）商品?

  ↓

- ☑ 自己想要那个商品吗? 会推荐给家人和朋友吗?

  ↓

- ☑ 提供那个商品的公司上市了吗?

  （还没有上市的话，股票无法自由买卖）

  ↓

- ☑ 能讲清楚那家公司的商业模式吗?

  （不买自己解释不清楚的公司的股票）

  ↓

- ☑ 那个商品能带动公司的收入增长50%吗?

  ↓

- ☑ 3年内净利润能翻两倍吗?

  ↓

- ☑ 和竞争对手相比，股价过高吗?

  ↓

- ☑ 股价图呈上升趋势吗?

  ↓

- ☑ 日成交量有1亿日元以上吗?

步骤 2

深挖3倍股

挖潜力股的要点

找到符合步骤1清单的潜力股后，进一步深挖。

> ☑ **想象大股东的想法**
>
> ☑ **对商业模式的理解要做到**
> **能给别人解释清楚的程度**
>
> ☑ **不是"到目前为止的业绩"，**
> **而是预测"从今往后的业绩"**
>
> ☑ **根据利润的使用用途，把握其成长阶段**
>
> ☑ **探究选择那家公司商品的理由**

接下来，按照顺序逐一说明。

☑ 想象大股东的想法

通过了解大股东，能想象出股价的动向。

例如，社长以下的高管是大股东的话，至少在公司的业绩增长期间，卖股票的可能性比较低。相反，作为大股东的高管开始卖自己公司的股票了，就要警惕股价的下跌。

但是，如果"投资基金"是大股东的话，情形完全不一样。

投资基金一般是提高企业价值后卖出股票，其最大的目的就是赚取买卖的价差。

因此，股价一时间暴涨以及投资基金决算前卖股票的可能性很高。

股价的降幅可能会达到那只基金的持股比例的程度。

另外，大股东里如果有媒体或者广告代理的公司的话，它们

投资基金是大股东的话，股票还有被大量抛售的风险

有积极宣传商品、服务的动力。

如果持有较多专利的制造业企业是大股东的话，可能会以优惠的条件提供其专利和技术。

如果在大企业担任过董事的个人是大股东的话，也许还能为那家公司在技术和销售上合作牵线搭桥。

前面也提到过，担任IR（投资者关系负责人）的董事是大股东的话，会频繁更新积极的有利于股价上涨的信息。

这样通过考察大股东是什么样的公司（个人）、在想些什么、能做什么事，可以想象那家公司将来朝哪个方向发展。

✓ 对商业模式的理解要做到能给别人解释清楚的程度

美国《福布斯》杂志发布的2019年的世界富豪排名榜第三名，拥有净资产840亿美元（9兆750亿日元）的著名投资人沃伦·巴菲特曾说过，"不要投资业务内容理解不了的公司"。

将打工积攒的钱作为本金，仅通过一代就赚取了相当于希腊国家预算规模的财富的"股神"，都不投不懂的公司，我们一般的个人投资者如果不理解公司的商业模式就投资的话，不可能赚钱。

可能大多数个人投资者没有读过决算资料就投资了，结果后来就离开股市了。

投资不理解商业模式的公司，相当于借钱给不认识的人。

你会把钱借给不认识的人吗？不会吧。

找到了想投资的公司，那家公司的商业模式、如何赚钱，要理解到能给别人解释清楚的程度。

反之，理解不了商业模式的公司，应该从投资标的里除去。

我的情况是，IT、餐饮、健康相关等面向消费者（B2C）的领域，我的工作和个人的兴趣、喜好相符，所以边享受着研究商业模式的乐趣边收集信息。

相对地，我对面向工厂和公司（B2B）的领域没那么感兴趣，也知道向别人解释不清楚，所以它们很难成为我的投资对象。

这样从自己的工作和擅长的领域发掘投资对象，边享受调研的乐趣，边加深对标的的理解，自然胜算也增加。

投资不理解商业模式的公司，相当于借钱给不认识的人

**不是"到目前为止的业绩"，
而是预测"从今往后的业绩"**

投资股票最重要的不是"到目前为止的业绩"，而是"从今往后的业绩"。

无论到目前为止的业绩如何好，如果接下来不增长的话，股票也不会上涨。

相反，无论过去业绩多不好，如果接下来业绩上升的话，股票也会反弹。

像前面描述的那样，为了接下来业绩上涨，"那家公司提供的商品、服务的价值要提高"。

为了探究这一点，有一个基本的指标就是市盈率（PER）。

所谓市盈率，指的是买下整个公司的话（前提是可以维持现在的利润），**需要几年可以收回全部投资金额。**

"市盈率10倍"的话，就是需要10年收回全部投资金额，"市盈率50倍"的话，就是需要50年。（一般来讲，上市公司平均市盈率是15倍。）

很多股票相关的书都说，市盈率低的话就是便宜，高的话就是贵，也有很多投资人按照**"市盈率10倍以下便宜""市盈率超过20倍比较贵"**的标准来进行投资判断。

但是，仅用市盈率作为指标进行投资不会赚钱！

为什么这么说呢？因为市盈率是以"净利润一直维持在同样

的水平"为前提计算出来的，是和现实相去甚远的理论值。

在这个瞬息万变的时代，净利润根本不可能一直维持在同样的水平。

因为前提条件不可靠，市盈率很难成为具有说服力的判断依据。

如果非要用的话，值得参考的不是到目前为止的市盈率，而是"从今往后的市盈率"。

即使现在是市盈率10倍的公司，将来净利润降到十分之一的话，未来的市盈率就变成了100倍。

相反，即使现在的市盈率是100倍，将来的净利润翻10倍的话，未来的市盈率就降至10倍。

这样，不应该判断"现在"的市盈率，而应该推断现在的经营、商品、服务能否产生"未来"的利润。

具体应该做什么，在这之后详细讲解（参考第85页的"费米估算"）。

仅看市盈率，没有意义！

根据利润的使用用途，把握其成长阶段

能够成长的公司，利润大多都用于前期投入。因此，经常会有收入增长、利润不涨的情况。

所谓前期投入就是，广告宣传费、员工薪酬、研发费用、设备投资支出、海外拓展费用等，为了扩大收入而投入的资金。

积极开展这样前期投入的公司（前提是经营战略没有错）可以期待日后会有较大的成长。

举个大家熟知的海外的例子，美国的亚马逊公司的收入虽然急速增长，但是积极地进行了前期投入，长年不产生利润（参照下表）。

美国亚马逊公司的收入和净利润的变化

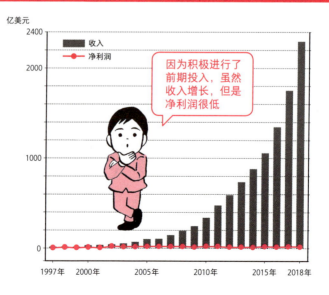

相反，利润都留存在内部（资金都留存在公司里）的公司以及没有成长战略而返还给股东的公司，也可以看作"没有有效的资金使用用途"。

一旦提高股东的分红，就有瞄准分红的买入，股价通常有上涨的倾向。

分红，反过来看就是高管决定"比起前期投入，优先把利润返还给股东"。

当然不能全部否定为了特定的成长战略增加内部留存或者给股东分红的例子。但至少快速成长的公司，比起将产生的利润返

通过分析利润的用途把握公司的成长阶段

处于成长期，积极进行前期投入的公司

利润

积极投资在广告宣传费、员工薪酬等

处于成熟期，已经看到成长天花板的公司

利润

返还股东

股东

进入防守型经营阶段的公司

利润

内部留存

还给股东，通常会为了业务的增长而进行前期投入。

这样通过了解公司如何分配利润，就能知道公司处在哪个成长阶段。

 探究选择那家公司商品的理由

"商品、服务被选的理由"比较明确的公司的股价会上涨，因此找到"被选的理由"直接影响投资判断。

例如，以减肥健身房和高尔夫球课著称的"RIZAP集团"（2928 JP）最近由于频繁进行企业并购而导致业绩恶化，公司已被淘汰。在这之前，因"私教训练"而急速成长。

运营连锁健身房的公司还有很多家，只有RIZAP急速成长。

其卖点不是私教训练，而是两个月内减重变苗条这一"结果"。

通过电视广告等集中宣传，短期内树立起"可以保证结果的RIZAP"这一品牌形象。

不是竞争对手，而是选择这家公司的商品、服务的理由是什么？！

基本上就是限制糖的摄入量并结合肌肉训练的做法，因此作为商业模式其他公司很容易效仿。

但是RIZAP这一品牌很难被快速效仿。

最终做投资判断的时候，对于"在几个竞争对手中，反而选择这家公司的商品、服务的理由是什么"这个问题，能否找到自己满意的答案是关键。

被选的理由明确的公司股票上涨，而被选的理由不明确的公司股票下跌。这是资本主义的原理原则。

提高选股的精度，
赚取1亿日元！

记住！成长股的3种类型！

---

① 周上涨1.3倍（一时的期待）

发布超预期的好决算/发布和知名公司的合作/媒体大幅报道

② 1个月上涨2倍（一定程度上和预期相符的情况）

媒体大幅报道/新产品热卖/业绩稳健增长

③ 1年上涨3倍以上（看重实际情况）

新产品热卖/业绩稳健增长/可以预测中长期的利润

小型股集中投资的目的是③！

步骤

3

通过小盘股实现本垒打

道不是随意买卖吗

据说日本的个人投资者中80%都赔钱。

到目前为止，我教过的个人投资者有1200多人。从我的经验来看，也是差不多有80%的人赔钱，20%的人赚钱。

为什么那么多人赔钱呢？

答案很简单。

大多数个人投资者没有明确的投资策略，在随意地投资。

股票投资的原则提炼成三步就是"发现、买入、卖出"有潜力的股票。

只有这三步磨合好，才能在投资上获得较高的回报。

很多数人找股票、买股票、卖股票都很随意，所以才会赔钱。

几乎所有的个人投资者，不看投资标的的决算材料就选定标的了，不是吗？

购买贵重的家电、汽车的时候，通常都是在网上搜索许多商品的价格、性能，实际去店里确认商品，经过仔细探讨才购买的。

但是投资的时候，调查也不做，凭感觉买进，"因为是财经杂志的特辑里重点推荐的股票""某著名投资人推荐过"等跟随别人的理由而选择投资标的的人非常多。

自己不做调研，借用别人的意见轻松地就投资的多数个人投

资者，几年内就会输掉大部分资产而潜然离场。

如果一直那样随意地投资的话，资产只能不断地减少，我想最好现在就不要做了。

不是买基金，也不是做交易，而是集中投资小盘股

日本金融厅估算的"夫妇二人需要的养老资金是2000万日元"虽然让社会哗然，但因为出于对养老资金的担忧而对投资感兴趣的人，最近增多了。

其中，询问"基金怎么样"的人越来越多。

结论就是，如果想将少量的资产大幅增加的话，完全不推荐基金！

有很多经济评论家推荐和日经指数（日经225）以及东证股价指数（TOPIX）联动的低成本ETF（交易型开放式指数基金）。

2018年1月起银行、证券公司、邮局都在积极地销售以基金为基础的"NISA"（Nippon Individual Savings Account，日本个人储蓄账户）。

因为是社会信用较高的银行、证券公司、邮局在销售，所以很多人都很放心。但是，这些金融机构推荐的基金等金融产品，最好想成"都是金融机构赚钱的商品"。

通过投资基金创造了巨额资产的人至少我一个都不知道。

以市场平均值为标杆的低风险低回报的ETF的期待收益率，即使不错，最多每年5%左右，也低于泡沫经济鼎盛时期的7%左右的定期存款利率。

对于已经有一定资产规模的人来说，作为"防守型的投资"，ETF是一个选择；但是对于一般的个人投资者来说，即使以年利率5%运作，资产也增加不了多少。

在日本，银行的活期存款的年利率是超低利率的0.001%，年利率5%的话虽然比存在银行好一些，但如果本金很少的话，也没有太大的好处。

让我们做一些模拟演算。

请看下一页的图表。

本金1亿日元的话，因运作而产生的收益再加回到本金里，继续运作而产生"复利"效果的话，10年后收益可观。

但是，个人投资者从100万日元的本金开始运作的话，即使年利率5%，10年后仅增加63万日元。

10年积攒63万日元的话，还不如打工赚得快呢。

以年利复利5%运作的情况下，资产的变化

● **本金1亿日元起步**

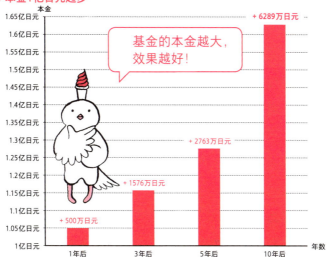

本金

1.65亿日元
1.6亿日元
1.55亿日元
1.5亿日元
1.45亿日元
1.4亿日元
1.35亿日元
1.3亿日元
1.25亿日元
1.2亿日元
1.15亿日元
1.1亿日元
1.05亿日元
1亿日元

+ 6289万日元

基金的本金越大，
效果越好！

+ 2763万日元

+ 1576万日元

+ 500万日元

1年后　　3年后　　5年后　　10年后　　年数

● **本金100万日元起步**

本金

165万日元
160万日元
155万日元
150万日元
145万日元
140万日元
135万日元
130万日元
125万日元
120万日元
115万日元
110万日元
105万日元
100万日元

+ 63万日元

这样的话，还不如
打工赚得快……

+ 28万日元

+ 16万日元

+ 5万日元

1年后　　3年后　　5年后　　10年后　　年数

集中投资小盘股的3个好处

当然，要是"本职工作已经赚很多钱了，投资差不多就行"的话，每个月买入定额的ETF，随行就市也是一个投资策略。

但是，**对于可投资金有限的个人来说，如果期待较高的投资回报的话，不可能有基金这个选项。**

要想构建大规模资产的话，1天内反复买卖而获利的"日内交易"也是一个选项。

比起基金，"日内交易"虽然可以构建起大规模的资产，但不可能"轻而易举"就做到。

"日内交易"就是资金运作期间，一直坐在电脑屏幕前，去猜测股价图另一侧的投资者的心理，瞬间分析眼前的供需关系、大体量交易、世界形势以及最新的信息等，要敏感地觉察到细微的价格变化，反复买卖。

如果想成为专业的操盘手的话没有问题，但不推荐给有本职工作的个人投资者。

像前面讲的那样，我曾经因为没有做到这些基本的工作，睡着了，一个晚上损失800万日元。

每天几个小时都盯住电脑屏幕，用自己的时间来换取金钱，人生如果不能从这样的操作中解脱出来，对我来说非常痛苦。

集中投资小盘股的3个好处

① 因为集中，所以易于跟进

因为集中投资，会彻底调研所投的股票。一旦聚焦在所持的股票，每天都会仔细查看相关联的新闻、面向投资人的信息（IR），因此一个优势就是对所持股票的管理更为精细。

② 不易"套牢"

如果只有一只股票的话，必然会避免被"浮亏"套牢。多数投资者失败的原因就是，股价一涨就卖（确认收益），但是股价跌了却想着"什么时候一定能涨回来"，即使没有什么确凿的根据，也会一直"套牢"。如果定下下跌10%—20%就止损的规则的话，损失就会很小，在接下来要解释的"机会股"上赚回来，还会有充分的回报。

③ 抓住"机会股"，实现大翻盘

如果抓住了"机会股"集中投资的话，资产可能大增。这以外的股票交易，当作"为了抓住机会股的'练习比赛'"完全没有问题。集中投资小盘股的风险是股价的波动很大，但可以期待的是与之相应的回报也很高。

我是"为了实现财富和时间的自由而进行投资"，但如果为了赚钱而选择束缚了自己时间的"日内交易"，则是本末倒置。

想清楚这一点，我决定坚决不做"交易"。

交易以外，我做过各种各样的投资，多次受挫后才发现，**如果个人从少量资金起步构建大规模资产的话，集中投资小盘股是效率最高的**！

10 年可以赚1亿日元

那么，我们试算一下，集中投资小盘股顺利的话，资产将发生怎样的变化。

实际投资就会痛苦地认识到，即使认为"这个一定行"的股票，而股价却没有想象的那样上涨的情况居多。

因此，我们假定如下的条件。

- 半年仅投一只新股
- 即使瞄准翻3倍，翻两倍就可以获利卖出
- 所持的股票一半都在下跌的话，下跌20%就止损

按照这个条件投资的话，结果会怎样？

下一页就是模拟试算的结果。

假设从本金100万日元开始投资。可以看到，到了第二年资产或增或减，也可能低于原有的本金，但是之后资产会持续增加。

最初以为资产增加了，结果下跌的话，一定会担心之后能否出成果。

按照"翻两倍就会获利卖出"和"下跌20%就及时止损"这两个原则运作，"每半年"资产的变化推移

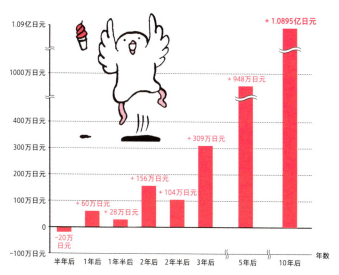

瞄准10年后资产1亿日元！

但是，如果资产的减少在预期范围之内的话，也可以逾越停滞期。

容忍最初某种程度的损失而坚持集中投资小盘股就是通往资产1亿日元的道路！

仅凭1只股票收益超过1亿日元

在这里，介绍一个我集中投资的小盘股的案例。

2017年3月我以70日元的股价买入，大约1年后以超过1000日元的价格卖出的东证1部上市的"北方达人"（2930 JP，以下简称"北方达人"）。

怎样找到这只股票，如何做的投资决策，为什么能一直持有等到股票翻了超过10倍？从这个案例，就可以掌握集中投资小盘股的全过程。

怎样找到这只"10倍股"

最初得知"北方达人"是2017年2月，在东京六本木山附近并设星巴克的"茑屋书店"。我有一个习惯，每个月都去一次这个书店并设的咖啡店收集信息。

网上的信息也很好，但还是推荐在实体的书店里收集信息。

只要有喜欢的书，都可以在亚马逊上下单，快递小哥就给送到家里。但是想真切地感知世间的变化的话，就很有必要去书店了。

投资股票，很重要的一点就是要从日常磨炼消费者的直觉，随时捕捉世间的变化。

当然大家都知道相比书籍，网络的信息快多了。但是，在反映社会潮流的主题较多的"新书"书架，看一下畅销书和和新刊的题目，很容易完整地捕捉到世间的潮流。

要想知道世间的潮流，比起投资、财经角的书籍和杂志，《日经潮流》（日经BP）这样的信息杂志更有用。

我也读过投资、财经角的杂志和相关书籍，发现股价已经上涨的股票占大多数，找不到非常新的信息。

《日经潮流》这样的信息杂志，以消费者的视角刊登人气商品、服务的潮流，可以给投资标的的选择带来很多重要的启发。

消费者关注的、接下来关注度会上升的商品、服务的信息，在很早阶段就可以捕捉到。

因手游而火爆、翻了10倍、20倍的Gungho Online Entertainment（3765 JP）和Mixi（2121 JP），最初关注的契机就是游戏杂志的特辑里列举了人气游戏"Puzzle & Dragons"（智龙迷城）和"Monster Strike"（怪物弹珠）。

最近，并设咖啡厅的书店增多了，是最适合浏览多本书籍和杂志的场所。北方达人就是在书店偶遇的"宝藏股"。

发 现了感兴趣的股票，就简要查一下

在书店里发现了感兴趣的股票的话，想着第35页和第54页的考察点，当场便用手机在网上搜索，简要查阅以下内容。

✅ 上市了吗

用谷歌搜索一下"**公司名　股价**"和"**公司名　上市**"等关键词，是否上市，一目了然。

在书店发现"北方达人"的时候，查到公司在东证1部上市，证券代码是"2930 JP"。这就过了第一关。

还没有上市的公司的股票无法自由买卖，因此如果知道感兴趣的公司没有上市的话，当即停止调查。

继续调查下去也无法投资，浪费时间。

✅ 市值是300亿日元以下吗

接下来查一下"市值"。

市值也是用谷歌搜索一下"**公司名　市值**"和"**证券代码市值**"，马上可以查到结果。

不管有多好的商业模式，不管提供多有潜力的商品、服务，市值太高的话，1年翻3倍也很困难。

北方达人，查阅的时候市值在100亿日元左右，这一关也过了。

✅ 上市5年以内吗

打开北方达人的主页，阅读"历史沿革"：2002年成立，2012年在札幌证券交易所面向新兴企业的市场"Ambitious"上市，2014年登陆东证2部，2015年登陆东证1部。是一家上市时间不长的公司这一点也通过了。

✅ 开展什么业务

接下来，就要查看业务内容了。

如果不能深刻理解公司的业务内容的话，这家公司就不能成为投资标的。

在手机上翻开北方达人的主页，发现健康食品、化妆品的网络销售是主营业务。

虽然我当时还没有定期购买健康食品和化妆品，但是想到有朋友经常食用健康食品和营养剂。

考虑到人们的健康意识越来越高涨，接下来需求也会很高，同时消费者对于美容的需求也比较高，这一点也通关。

✅ 业绩在增长吗

打开主页的投资者关系里的"业绩说明会资料"，大体看一下过去几年的业绩变化。

收入顺利增长，但利润（经常利润和净利润）有波动，由于前期投入导致的可能性比较高。

主营业务的网络销售以"定期购买"为前提，而公司总收入的约七成来自复购的消费者。

销售中，获客并使顾客复购是成本最高的，因此约七成的收入来自复购者这一点相当有吸引力。

这是收入和利润突然减半的风险很低的商业模式。这一点也通关。

摘自2016年2月年报

期数	第11期	第12期	第13期	第14期	第15期
决算年月	2012年2月	2013年2月	2014年2月	2015年2月	2016年2月
收入（千日元）	807771	1380470	1782386	1940660	2222440
经常利润（千日元）	141864	273875	386158	446584	393223
净利润（千日元）	90099	159484	236118	268768	226777

大股东是谁

如果创始人社长还在工作并且是大股东的话，那么和希望股票上涨的投资人的利害关系一致，将视为重大的积极材料。

北方达人的股东构成（2017年2月28日决算时点）

持股顺序	股东名称	持股数量（千股）	持股比例（%）
1	木下胜寿	6065	54.72
2	木下浩子	346	3.13
3	井上裕太	307	2.78
4	须田忠雄	274	2.48
5	高桥正雄	118	1.07
6	清水重厚	90	0.82
7	角谷雅之	83	0.75
8	野村证券	58	0.52
9	牧野宽之	52	0.48
10	日本信托服务银行	50	0.45

看了北方达人的大股东，创始人木下胜寿社长是持有总发行股本一半以上的控股股东，而且前十大股东看起来像是高管的人名。

如果大股东里有很多投资基金的话，确认收益后以及投资基金决算前可能会卖出股票，进而导致股价下跌。

这一点上，虽然看到了"日本信托服务银行"的名字，但仅持有0.45%的股份，影响有限。

在这个基础上，社长以下主持运营的管理层是大股东的话，和投资人的利害关系强烈一致。

此刻，确认了这一点，股价大涨的预感更加强烈！

查阅目前为止的这些内容大约需要10分钟。

根据当场用手机单手查阅的结果，判断为"有望成为投资标的"的股票，就进入下一步深入研究的阶段了。

深入研究关注的股票的方法

判断出"北方达人"有潜力之后，要花一些时间仔细调研。

那么就讲一讲都调研了什么。

☑ 社长是什么样的人

小盘股的话，创始人社长是控股股东的情况比较多，对于公司经营有绝对大的影响力。

北方达人的创始人木下胜寿社长是持股比例54.72%的控股股东（2017年2月时点）。拥有这样绝对影响力的社长是什么样的人非常重要，一定要调查清楚。

用谷歌查询公司名和社长名，相关的信息就会映入眼帘。最初，北方达人原来好像在网络上销售北海道土特产。

其中一类商品，比如缺了脚的螃蟹不能按照常规商品出售，但作为"瑕疵商品"打折出售，卖得很火爆。可是，这个模式立即就被其他商家效仿，转眼间收入大减，公司也很痛苦。

被逼无奈的木下社长下定决心"不再卖一时火爆而很快过时的商品，必须构建起能够稳定销售的商业模式"，因此导入了网络销售定期复购的模式。

调查社长是什么样的人的时候，不仅是公司主页，SNS（社交网络）以及博客上过去的内容全部回溯了一遍。

更进一步，如果有刊登社长的著作、采访等的杂志和网络文章，也都读一遍。

还有，在视频平台YouTube等搜索社长名字和公司名字或者商品名称，在媒体上的出镜履历也查一下。

这样尽可能查阅所有的经营者相关的信息，社长的履历、爱好、人脉、关注点，公司是如何发展起来的，实际上是如何思考的，是否属于没有根据就口出狂言的类型，公司发布的业绩预测是乐观还是悲观等，都会有所觉察。

这样做的过程中，那位社长接下来会推行什么策略，也能想象得到。

✅ 拥有什么样的高管

不仅是社长，高管是大股东的话，那个人的人脉和能力可能推高股价，也是积极因素。

北方达人的话，担任专务董事的清水重厚在前十大股东里（参照第79页）。

看一下北方达人的IR（投资者关系）部分，发现投资者关系的联络人一定有清水重厚的名字，了解到清水重厚还是IR的负责人。

IR负责人是否是大股东，IR的质量还是有很大差异的。

当然，IR负责人是大股东的情形，更倾向于披露推高股价、宣传公司优势的信息，是花心思提炼的内容。

北方达人的IR负责人除了披露规定要求的最低限度的信息之外，还包括最新的分析师研报，国内外媒体报道的业绩，社长个人捐赠的情况等，为了让投资人了解公司，从多角度披露信息。（或许也会把本书提及的内容在公司的最新公告里披露出来。）

到目前为止，我见过很多公司的IR，而北方达人的IR卓尔不群，披露的内容都是易于理解、直通投资人内心的内容。

☑ 拥有什么样的员工

调查完股东和管理层，接下来要调查一下员工。

具体说来，**就是调查一下员工（平均年龄）有多"年轻"、多优秀。**

尽管上市时间不长，从招聘记录来看是要知名大学的毕业生，从一个侧面也说明公司未来可期。这也是积极的材料。

北方达人的情况，主页的"招聘信息"的"员工介绍"栏目里，刊登着各部门员工的访谈纪要和"年轻女性员工座谈会"的内容，看一下就可以了解是否有招聘年轻的员工。

主页的文章一般不会刊登负面的内容，也多少会显得内敛，但即使这样，也能感受到公司活跃的气氛。

北方达人的招聘记录在下一页里，以东大（东京大学）、京大（京都大学）、早庆（早稻田大学、庆应义塾大学）为首，汇集了很多知名大学的学生。

2018年4月校招的本科毕业生的首年工资比上一年提高了36%（9万日元），至34万日元。从这一点可以看出公司在招聘上加大了力度。

实际招聘的学校

- 东京大学
- 东北大学
- 关西学院大学
- 京都大学
- 明治大学
- 日本大学
- 庆应义塾大学
- 青山学院大学
- 驹泽大学
- 早稻田大学
- 东京农工大学
- 北海道教育大学
- 大阪大学
- 立命馆大学
- 小樽商科大学
- 北海道大学
- 津田塾大学
- 北星学园大学

☑ 主业在成长吗

这里定义的主业是指"占总收入一半以上的业务"或者"将来可能占收入一半以上的业务"。

一般会评价展开多个业务的公司分散了经营层面的风险。

但是，需要注意的是展开多个业务的公司，乍一看不知道哪个是主业。

将经营资源集中在主业的公司业绩更容易快速增长，要想集中投资股价在一年内翻3倍以上的小盘股，这些都是有潜力的投资标的。

北方达人的情况是，定期复购的邮购业务几乎占了全部，并且还在稳健增长，这一点也通关了。

☑ 未来收入的规模达到什么程度

即便很粗略，还是要建立一个收入能增长到什么程度的"**未来收入规模假说**"。

因此，在外资咨询公司的入职面试时经常会被问到的"**费米估算**"起到很大作用。

例如，"日本有多少家茶馆""世界上有多少只猫"等，乍一看完全无法想象的题目，在几个前提假设的数据上做一个粗略的估算。

顺便说一句，因为诺贝尔物理学奖获得者恩里克·费米（1901—1954）喜欢这个做法，会留给学生这样的课题，所以叫作"费米估算"。

想要准确地预测未来的收入，几乎是不可能的。毕竟是像游戏一样仅是"粗略估算一下规模"。

未来的收入是"数亿日元"还是"数十亿日元"，甚至是"数百亿日元"，这种程度的"粗略估算"就可以了。

北方达人当时的收入有22亿日元。

业绩很好，和其他销售健康食品的公司以及补充剂行业大致相同，有一种被时代的洪流裹挟前进的感觉。

查看了一下商业模式相似的竞争对手的收入的推移和增长，无论哪家公司近几年来的收入都是翻倍增长的。

例如，还没有上市的"Media Hearts"。2014年开始宣传以有减肥效果的"畅快水果青汁"为主的健康食品的邮购业务，业绩急速扩大，3年内收入达到100亿日元的规模。

（该公司的三崎优太社长当时还登上媒体，业绩也直线上升。虽然之后因逃税1.8亿日元，以违反法人税法的罪名被起诉。）

类比这样的竞争对手，可以想象北方达人今后3年收入可能会快速增长到100亿日元。

3年后收入超过100亿日元的话，就要思考净利润会有多少呢，市值会有多少呢。

2017年时点推测的北方达人的业绩

	现在		3年后
收入	22亿日元	↗	100亿日元
净利润	2.2亿日元	↗	20亿日元
市值	100亿日元	↗	1000亿日元

完全是"毫无逻辑的盘算"，但对于理科出身的我来说，是最有意思的工作。

北方达人并不公开商品的成本（率），但是健康食品和化妆品的成本率，从商品单价来看即使高估，行业均值也就是10%—20%。

如果3年后的净利润是20亿日元的话，因为当时积极的投放广告费，注意到这一点，所以推断"收入的20%左右将留下成为净利润"。

毕竟是自己推测的数字，和实际的值多少都会有所偏差。但不管怎样，可以断定利润率相当高。

当时北方达人的收入为22亿日元，而净利润仅有2.2亿日元，没有全力创造利润，所以假定很有可能是进行了前期投入后剩下的利润。

要是这样的话，收入到达100亿日元的规模，其中20%是净利润的话，就是20亿日元，是现在2.2亿日元的约10倍。净利润翻10倍的话，可以想象市值也可能翻10倍（=股价翻10倍）。

通过这样的思考过程，判断一年内股价翻3倍的潜力巨大。所以最后决定投资！

每天花5分钟观察一下所持的股票

那么投资完北方达人之后，跟进时需要考虑以下几点。

- ☑ **业务上有没有遇见什么麻烦**

- ☑ **经营方针有没有变化**

- ☑ **管理层有没有卖股票**

- ☑ **能否达成预期的收入和净利润**

虽说是跟进，也没有每天一直在盯着股价。

1天查看一次股价，只有在价格有较大变动的时候，调查一下原因，看看有没有什么新闻。

1天最多花5分钟。有较大的变化的时候，多花一些时间调查原因就足够了，通勤、上学的路上，还有吃饭和工作中途休息

的时候就可以。

在买了北方达人之后1个月左右，我得知刚才提到的那个拥有同样商业模式、销售健康食品的"Media Hearts"的相关信息。每年收入超过100亿日元，而且还在不断地增长。

得知这个信息后，我断定北方达人"和同业相比，收入规模还很小，还能继续成长"，所以决定一直持有。

当时，作为期待短期股价上涨的重点关注的股票（主题股），健康领域被提及，也是积极材料。

2017年北方达人的股价图

2017年的涨幅排行榜

		涨幅（%）
1	北方达人	1025.2
2	Pepper Food Service	798.7
3	IK	765.9
4	大兴电子	654.8
5	GOYO INTEX	568.0
6	GRACE	536.4
7	CyberStep	529.6
8	Jeansmate	515.3
9	Yamashin Filter	508.4
10	DMP	469.7

而且听说我朋友运营的"低聚糖"食品的邮购业务一直很好,切实感受到"健康食品和化妆品的邮购行业整体都在增长"。这也是没有短期确认收益而一直持有下去的理由。

再介绍巴菲特先生教导过的一点。**"股票投资的一切在于,在适当的时机挑选好的股票之后,只要它们的情况良好就一直持有。"**

虽说如此,买入之前虽然有"收入会达到100亿日元"的估算,实际投资后,"业绩能否顺利增长……"的不安一直都在。

为了消除这种不安,要定期确认所持股票股价的变化。如果股价有较大的变化,要跟踪相关的新闻、竞争对手的动向以及业界的动向等等。

这样一来,就能判断所持的股票是否触及了成长的天花板。

结果北方达人2017年股价上涨了1025.2%,成为一只10倍股,是当年遥遥领先的上涨股。仅这一只股票我就赚了超过1亿日元。

看了这条有关股价表现的新闻的投资者开始买入,股价进一步攀升。最后,北方达人的股价和我买入时相比,涨幅超过"12倍"。

不要喜欢上自己投资的公司

巴菲特先生仰慕的老师、美国著名的投资家本杰明·格雷厄姆先生的基本原则就是，"在股价低于公允价值时买入，在高于时卖出"。

因此很重要的一点就是，**"不要喜欢上自己投资的公司"**。

虽说如此，对投资标的的感情越强烈，无论股价上涨还是下跌，有很多投资者都不会卖出所持的股票。

这就是，一旦持有了就高估其价值，很难放手的**"保有效果"** 导致的。诺贝尔经济学奖获得者、行为经济学家丹尼尔·卡尔曼的试验表明，人们一旦入手一样东西，就倾向于以比入手前高2倍的价值来评估它。

当然，股价上涨的过程中这样做没有问题，但爆出业绩恶化的消息之后，也会毫无意识地视而不见。

并且股价下跌超过10%—20%，再下跌也不止损，毫无根据地凭空坚信"是家好公司，应该没有问题"。

难得股价上涨，却错过了卖出的时机，相反即使股价下跌，也不能止损，结果就是浮亏套牢……为了避免这样的情形发生，大家一定要多加注意！

步骤

4

上涨的股票分两类

"**名**副其实上涨的股票"
和"仅凭预期上涨的股票"

短期内大幅上涨的股票有两类：名副其实上涨的股票和业绩未动而仅凭预期上涨的股票。

- 名副其实上涨的股票 ——【特点】历时数月逐步上涨
- 仅凭预期上涨的股票 ——【特点】短期内暴涨暴跌

仅凭预期上涨的股票，是商品、服务发布之后实际销售之前（有时商品、服务还没有成形的状态）仅凭投资者的期待而上涨。

例如，以下这样的公司。

- 将要发布的游戏虽然还没有成形，但是预期很高的公司
- 开发特效抗癌药等的公司
- 计划拓展海外市场的公司
- 持有新颖的看起来不错的新业务拓展计划的公司
- 宣布和知名公司合作的公司

无论哪种情况，实际上还没有到收入增长的阶段，但因投资人的预期先行而买盘大增、股价暴涨。

以不确定要素为前提，仅凭预期而股价上涨的股票，都有短期内暴涨这一特点。

但是，在这之后，市场断定业绩跟不上的话，瞬间就会出现大笔卖盘、股价暴跌。

举一个极端的例子，就像第97页会详细说明的Brangista（6176 JP），上午还以为会涨停，结果下午就跌停了。

相反，名副其实上涨的股票，实际上商品、服务开始热销之后（有的时候是发布业绩之后）才开始上涨。

例如，以下这样的公司。

- 伴随店铺数量增加而业绩上涨的公司
- 销售更为便捷的仪器而收入快速增长的公司
- 新出的游戏热卖的公司
- 开始投放电视广告的公司
- 虽不起眼，但是业绩稳步上升的公司

伴随收入上升，即使有时间差股价也会上涨，比起仅凭预期而暴涨的股票，涨势相对缓慢。（其中，也有公司因为业绩暴增而股票大涨。）

不管哪种情况，**不要忘记是"人在买卖股票"这一点**。

最近，AI（人工智能）介入的买卖也在增加，一定要想着电脑和手机画面的另一端基本上有个"活生生的人"，充分发挥自己的想象力。

很基本的原则就是，股票市场正是有了"卖出的人"和"买入的人"才能运转。

卖股票的人决定不再持有而卖，买股票的人预期股价上涨而买。

买到股票的背后，一定是有人卖掉股票；相反，卖掉股票的背后，一定是有人买到股票。

你在卖（买）股票的时候，一定有人在做着反向的操作。

基于这个原则，我们来看一下刚才提到的两种类型的具体案例。

2016年的Brangista的股价图

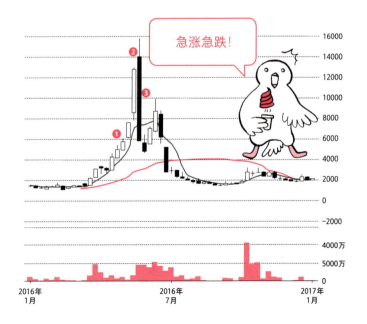

类型1 **仅凭预期上涨的股票**

首先，仅凭预期上涨的股票的具体案例，看一下我投资的在东证Mothers上市的"Brangista"（6176 JP）的走势。

看一下上一页的股价图就清楚，两个月内股价暴涨10倍，之后，两个月左右股价暴跌到十分之一。

这就是仅凭投资者的期待而被推高的股票的典型的价格走势。

那么，为什么Brangista的股价会暴涨呢？

简单说来，公司宣布了"将要发行由作词家秋日元康氏作为总指导、与偶像组合'AKB48'相关的游戏《神之手》"。以此为契机，投资者的期待急速上升。

股价暴涨的2016年，音乐资讯公司"Orion"的年度单曲排行榜中，AKB48独占前4名，人气绝顶（2017年AKB48也独占了年度单曲排行榜的前4名）。

AKB48的制作人秋日元康氏的知名度助力，尽管是游戏的具体内容发布之前，期待值却不断攀升，转眼间股价就暴涨了10倍。

但之后，具体游戏的内容发布仅一周，股价就下跌一半。游戏发布后，股价波动很大，两个月后的股价只有峰值的十分之一，"Brangista事件"因此诞生。

下一页简要概括了这个事件的经过。

2015年10月27日

Brangista设立了全资子公司"Brangista Game",主要开发手游。并宣布将发行作词家秋日元康氏作为总指导、与偶像组合"AKB48"相关的游戏。

2015年11月10日

Brangista Game宣布"游戏的名称是《神之手》"。将瞄准宅男市场,邀请秋日元康氏作为总指导,以目前为止没有的崭新的线上手游为中心广泛展开服务。

2015年12月8日

发表了"针对Brangista Game的25个问答"(以下是摘要):
"内容非常有趣。简直就是'神之手'"
"会有3兆日元的规模"
"发行后,大家一定会认同就是当之无愧的'神之手'"
"这款游戏很特别"
"《神之手》和以往的游戏不一样,即使厌倦了也没有完结。是个永不结束的游戏"

2016年4月25日 ❶

宣布5月27日将发布《神之手》的全貌

2016年5月27日 ❷

发布了以下主旨的公告:
"人气偶像组合AKB48的制作人秋日元康氏作为总指导制作的,智能手机线上游戏《神之手》将要进行事前登录。预定服务开始日期为AKB48的第45张单曲选拔赛总决赛的6月18日。
预计收入规模: 年收入1200亿日元"

2016年6月18日 ❸

发行《神之手》

2018年12月19日

《神之手》服务结束

仅凭预期上涨的股票，短期的几天到几周内股价暴涨数倍的反面，即使预期只是背离一点，股价就会暴跌。

特别要注意的是，除了像这样的游戏公司之外，生物科技、IT（网络）公司、集齐知名投资人的股票也有类似的动向。

它们的共同点就是商品、服务的实际销售情况和业绩出现之前，仅凭投资人的期待股价就上涨，一旦期待落空股价就会暴跌。

如果是时刻盯着屏幕、频繁查看股价和新闻的专业操盘手，出手这样的股票还可以。

但是不推荐给有本职工作的商务人士。这些股票暴跌时来不及应对的风险极高。

类型2 **名副其实上涨的股票**

作为名副其实上涨的股票的具体案例，看一下也是我投资过的Pepper Food Service（3053 JP）。

我推荐的是这个类型的股票。

这类股票，没有必要每天看几次股价。这个投资策略很简单，一旦投资了，业绩顺利上涨期间一直持有，业绩的增长率减缓了卖出。

Pepper Food Service运营牛排店"Pepper Lunch"，收益的主要来源是立食餐饮店"突如其来的牛排"。

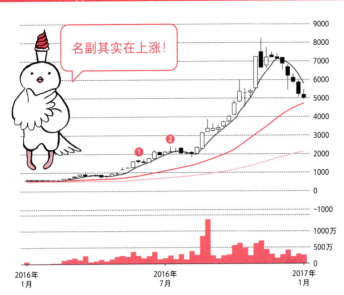

2016—2017年Pepper Food Service的股价图

公司2006年9月在东证Mothers上市，2017年5月根据市场选择制度变更为东证2部，同年8月晋升至东证1部。2018年9月，作为日本首个外餐饮食企业在美国纳斯达克证券交易所（NASDAQ）上市。

（2019年6月，因在美国市场的表现不佳，宣布将从纳斯达克下市。）

这只股票，在2017年大约花了9个月股价翻了10倍。

这个股价的上涨是伴随"突如其来的牛排"的收入和利润提升而名副其实地上涨。

以"突如其来的牛排"要在纽约开店的消息为契机，股票备受瞩目，之后晋升东证1部也是好消息，股价大涨。在东证1部上市后，机构投资者的买入更加容易，是投资的好材料。

那么，在什么时机，发布了什么消息，我们来简要总结一下。

2013年12月25日

在东京银座开设第一家"突如其来的牛排"立食餐饮店

2014年12月30日

"突如其来的牛排"店铺达到30家

2016年5月25日 ❶

2015年餐饮行业店铺销售额增长率第一名（根据日经MJ调查）

2016年7月22日 ❷

"突如其来的牛排"店铺达到100家

2017年2月23日 ❸

"突如其来的牛排"在纽约开店

2017年8月28日

晋升至东证1部

2018年8月9日

"突如其来的牛排"店铺达到300家

我最初是在2016年2月关注到"突如其来的牛排"的。

在东京新宿和朋友吃完晚饭，刚过晚上9点在街上走着，就看见了很长的队伍。

"这队伍，排什么呢？！"边想着边走过去，是"突如其来的牛排"的顾客排起了长队。

因为很在意，所以就拿出手机搜索了一下，运营这家店的公司是在东证Mothers上市的"Pepper Food Service"。在这个时点，股价完全没有怎么变动。

在当时因为"立食牛排店"这样的业态还很稀有，我就想改日去店里试着吃一次牛排吧。

牛排虽好吃，但从我的消费观念来看，不想站着吃，而是想坐着吃。

（之后，过了一段时间，店里也增设了椅子。）

之后，实际上股价开始变动是关注了1年之后的2017年2月。

虽然花费的时间比当初预想的要长，但被投资人关注后，股价呈上升趋势，虽然也有上下波动，但在慢慢地上升。

这样名副其实上涨的股票，在业务成长的阶段，某种程度上可以放心地持有。即使是卖出时点，确认了"业务的增长开始变缓"也不晚。

瞄准名副其实上涨的股票很稳妥！

对于主业是工薪族的投资者来说，名副其实上涨的股票是绝好的投资标的！

你的身边就有宝藏信息

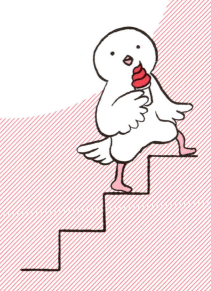

 身边的信息用于投资的方法

怎样找到要上涨的股票呢？

这回我们从更加贴近身边的地方说起。

到目前为止，我提到过几次"消费者感知"这个词，**其实日常生活中就潜伏着很多有潜力的投资标的的信息。**

如果平时没有捕捉信息的意识的话，即使信息来了也会从眼前溜走。

其实每天都有宝贵的信息从我们眼前溜过，但几乎没人注意到。

而只有注意到的那个人，注意到有利的投资信息，抓住了获得高回报的机会。

走在大街上看到长长的队伍、通勤途中发现用心做广告的商品
-->这都可能成为股价暴涨的第一手信息！

例如，刚才Pepper Food Service的例子里提到的"队伍"也是宝贵的投资信息。

即使看到很多人排队，"排什么队呢"引起兴趣，但得知"原来是排这家店呀"就放过这条信息了。

投资人看到排队的瞬间，必须做出反应："这也许是投资机会！"街上和公共交通场所看到的"广告"也是宝贵的投资信息。

公司即使推出新商品、新服务，很难做到"还不知道卖得好不好，就投入大笔资金投放广告"。

像热销的可能性很高的第2款、第3款商品、服务的话还好，如果完全是新商品、新服务，从一开始就投入高额的广告宣传费用，如果失败将损失惨重。

首先，小规模地试探性地打广告，通常都是在确认了"投入广告费后，销售很好"之后，再投入大笔资金。

也就是说，社会上积极宣传的商品、服务，某种程度上已经卖得不错，或者公司判断至少投入广告费后能热卖。

最近常看到广告的产品、服务的公司，业绩和股价上涨的可能性很高。

最终，从自己身边获取的股票信息很重要！

105

将 看到的广告用于投资的方法

很基本的常识，广告的目的大体分为两种。这一点虽然简单，但理解的话，"信息敏感度"就会提升。

广告分为引发观众采取购买行动的"效果广告"和宣传企

什么是效果广告？

其目的是让看过广告的人马上采取行动（购买商品、服务，看到的广告对接到投资来申请资料、下载APP应用、免费注册等）。基本上，只要投放广告，收入和利润就会增加，所以才会投入广告费。

【广告案例】新商品的宣传/应用的宣传/电影的通告

"北方达人"的效果广告

业、品牌等形象的"品牌广告"。

关注投资标的时，需要特别关注的是和收入及利润的上涨直接相关的"效果广告"。

但是，一般投放一段时间的效果广告后，效果就会减弱。

探讨投资的理想时机是广告一开始推广的阶段。简单说来，"最近常看见这个广告呀"。如果有这种想法，那就要查查看了！

什么是品牌广告？

其目的是让看过广告的人认同"这家公司很出色"，提升公司的形象和品牌力。基本上并不看重眼前的收入和利润，而是瞄准中长期公司品牌的建立（意图在于在培育品牌的过程中，促使消费者进行购买）。

【广告案例】企业广告/豪华车、高级化妆品、高级手表等的广告

Toray的品牌广告（企业广告）

将 身边人的故事用于投资的方法

我的一个投资者朋友，儿子上小学。

因为孩子讨厌学习，总要想点什么办法，孩子的母亲就把孩子送进补课班。听说最开始也不喜欢，但过了一段时间，却变得"想去补课班"。

向他太太（孩子的母亲）请教了这其中的原因，她说那个补课班以自己独特的教育方法而知名，可以调动孩子的积极性，在孩子中间和家长中间都获得好评。

因此，我对那家公司进行了调查。运营补课班的公司叫作"京进"（4735 JP），是一家在东证2部上市的公司，主要在京都和滋贺地区开设补课班。

之后，经反复考虑，我对这家公司进行了投资。而就在那之后，公司发布决算，业绩很好。从我投资起3个月左右股价翻了近两倍。

我自己也有类似的经历。

见到久未谋面的大学时的朋友，谈到"某某地方"的话题时大家兴致盎然。

提到不在首都圈的超市、家庭饭店、药妆店的名字，觉得很新鲜，那个朋友就说"药妆店的话，药王堂绝对第一"。

虽然是完全没有听过的药妆店，一调查才发现，这是以岩手县为中心在东北地区5个县运营药妆店的连锁集团，在东证1部上市。

2016年2月期（当时）的收入和净利润都创下历史新高。在那之后的3年左右，药王堂（3385 JP）的股价较那时翻了三四倍。

就像这样，可以听到身边人真实的声音，捕捉到宝贵的投资信息。

就这一点来说，有孩子的家庭，可以多关注孩子们中间流行的游戏和动画片。

游戏动画《妖怪手表》和手游《口袋妖怪GO》流行的时候，任天堂等关联的股票大幅上涨。

从日常的杂谈中找到有益于投资的信息，也有一些有用的寒暄。

把握好时机，直接问：“最近在什么地方花钱？”或者“最近买到什么好东西了吗？”

抛出“自己最近买了这些东西”或者“在找一些有意思的商品和服务”的话题，闲聊的内容也丰富起来。

不要放过无意的闲聊，要将它转化成投资机会！

人们之所以花钱，是因为至少那些商品、服务让人们觉得"有花钱的价值"。那么就从轻松的闲谈中找找看吧。

闲谈中能体会到和自己不一样的消费者感知，将引发新的投资机会。

将 自己的工作用于投资的方法

聚焦在"和自己的工作相关的行业（公司）"也有助于找到可能上涨的股票。

在行业内做久了觉得一些信息都是理所当然的，很多时候就忽略了很多宝贵的信息。

一旦有了这样的意识，可能会意想不到地遇见投资机会。

当然不是像内幕交易者那样利用未公开的信息，即使是普通人没有注意到的细小的变化，在行业内做久了也会理所当然地得到信息。

我在大学毕业后加入的Opendoor，参与了面向智能手机的新业务的企划和开发，因为这项业务，我把当时流行的智能手机应用和相关广告等都彻底地进行了调查。

于是，发现有两家公司名常常出现。

一家公司是运营火爆的手游"Puzzle & Dragons"（智龙迷城，P&D）的"Gungho Online Entertainment"（3765 JP）。现

在已经在东证1部上市了，当时还在大阪证券交易所的Hercules市场上市。

越调查越发现P&D的付费系统是一个深思熟虑的商业模型，就连我自己也下载了游戏应用，玩得不亦乐乎，一时还沉迷其中。

另一家是运营"A8"和"Nend"面向智能手机的成果报酬型广告的"F@n Communications"（2461 JP）。

成果报酬型广告就是向手机用户访问的网站和应用自动发送亲和性较高的广告。当时，正是从传统手机向智能手机过渡的顶峰，业绩大增。

我当时使用了各种各样的面向智能手机的广告系统，"Nend"的收益率在业内出类拔萃。

这样的信息在行业内已经是常识，但一般投资者却不了解。这样的信息差蕴含着大量的投资机会。

Gungho Online Entertainment在那之后的1年股价涨了约40倍，同样，F@n Communications的股价暴涨10倍。

自己的工作中看似理所当然的事情，其实十分宝贵！

我的朋友中，有位在大型医院工作的医师。

听说他突然意识到自己工作的医院里使用的都是"Paramount Bed"的病床，仔细调查后，投资了"Paramount Holdings"（八乐梦床业）（7817 JP）。

这只股票没有暴涨，股价6年左右涨了2.5倍。

像这样，在和自己的工作相关联的商品、服务中，聚焦其良好的评价或急速增长的业绩，发现好股票的可能性也就增加了。

 社交平台的信息用于投资的方法

把Twitter当作信息来源的个人投资者越来越多。很多人都在Twitter上关注知名的投资人，进而获取投资信息和市场判断。

但要注意的是，Twitter上很多信息缺乏根据、信用度较低，而囫囵吞枣地浏览其他投资者发言的人却很多。

也有人瞄准升值收益在Twitter上推荐自己投资的股票，所以比较稳妥的做法是把Twitter当作一个参考意见。

我比较推荐的Twitter的使用方法是，不是听信个别投资者的投资信息和市场判断，而是获取"最近什么比较流行"等潮流的信息。

那么，看一个具体的案例。

看过2016年11月12日上映的东证1部"东京剧场"（9633 JP）制作的动画电影《在这世界的角落》的观众，在Twitter上发表了"罕见的杰作，希望大家都来看"的评论，因此公司的股票1周内暴涨两倍。

起因是电影上映5天后（17日）的评论（Twitter①）。但是，这个时点股价没有什么变动。

但是，这个评论渐渐扩散后，东京剧场运营的电影院"剧场新宿"，连续几天观众爆满，这个信息也随之扩散开来。

观影人数在电影上映后的9天（21日）内达到了12.62万人，对于仅有68个排片院数的电影来说，这是少见的爆火。

在那之后的第二天（22日），剧场新宿1周的票房收入创下过去10年的新高，这一消息也通过Twitter扩散开来（Twitter②）。

这成了直接的导火索，带动股价暴涨。当天（22日）就涨停，比前一天高出50日元（+38%），收盘于182日元。

之后，该股票在投资者中间有名的信息网站"行情股全力2层楼"（http://kabumatome.doorblog.jp）上被提及，股价加速上涨。最后，东京剧场的股价1周内暴涨两倍。

东京剧场的股价图

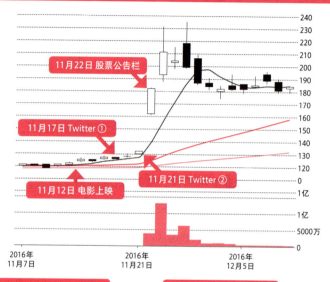

11月22日 股票公告栏

11月17日 Twitter①

11月12日 电影上映

11月21日 Twitter②

2016年
11月7日

2016年
11月21日

2016年
12月5日

11月17日 Twitter①

NumagasaWatari@ "不可思议的昆虫研究"
售卖中@2016年11月17日

电影《在这世界的角落》是罕见的杰作，为了让很多人都来观看，我还画了了 "推荐给完全不感兴趣的人" 的漫画。虽然仅是文字，大家可以尽情地宣传。今年已经看了100部电影了，如果推荐一部的话，毫不犹豫，非他莫属。要看哟！

11月21日 Twitter②

原主编的电影来信
@moviewalker_bce

第二周继续观影人数排名第10位的《在这世界的角落》，周末的观影人数为39638人、票房收入56798980日元，累计观影人数为117332人，票房总收入为162899760日元。观影人数突破10万人，很厉害

原主编的电影来信
@moviewalker_bce

《在这世界的角落》上映第一个周末的观众男女比例为8：2，以30—40岁为中心，之后在口碑的带动下，有很多老年人和学生也来观看，人数上没有大幅下降。第二个周末的观众男女比例为5：5，家庭和学生多了起来。而且剧场新宿1周的票房收入创下过去10年的新高

11月22日 股票公告栏

行情股全力2层楼
介绍热门的炒股线索和轰动素材

电影《在这世界的角落》将要火爆，剧场新宿1周的票房收入创下过去10年的新高

可是，东京剧场，公司名虽然和电影院一样都带有"剧场"二字，电影相关的收入仅占整体收入的两成。

其主业是"房地产、餐饮相关"的业务。

另外，2016年日本国内上映的电影的票房收入排行榜中，《在这世界的角落》仅停留在第17位上，没有达到当初预期的票房。

因此，东京剧场的股价不断地下跌。

东京剧场的案例就是股价因投资者的预期而一时上涨，但是如果捕捉到最初的Twitter信息，短期内是可以获得高收益的。

说了这么多，Twitter的信息现在是最快的，取决于使用方法，会非常有帮助。

正确使用Twitter收集信息的方法是"无视个人的意见，而是收集事实"。

我是这样把以下的评论当作事实来看使用Twitter的。当然有必要确认信息来源。

- ○ 业绩创新高
- ○ 决算时上调业绩预期
- ○ 社长卖出公司股票
- ○ 因股票分割而涨停
- ○ 发售新商品

不看基于个人主观意见的持仓评论，而只是收集事实，这样Twitter作为"最快的信息源"，发挥重要的作用。

相反，在Twitter上需要避开的评论是以下这几类。

× 按照这个节奏上涨的话，将创上市以来的新高

× 再下跌100日元就大笔买入

× 差不多跌到底了

× 是好公司，没问题的

× 股价最少翻3倍，"Gachiho"

*Gachiho 是投资用的俗语，gachi "真心"，hold "持有" 的意思

乍一看，好像是有价值的信息，其实这些都是个人的意见而非事实。

这样的评论，看到的时候一带而过就好了。

如果想将别人的意见用于自己的投资的话，至少要花些精力查一下"那个人是什么性格""过去都说过什么""那只股票是怎样波动的"。

即使这样，最后看完这本书，一定要自己思考之后再做出投资判断。

使用Twitter上以事实
为基础的信息！

将 平时的新闻用于投资的方法

如果将平时的新闻用于投资上的话，最好关注"世间的变化"，而不是直接的股票信息。

因此，就来总结一下平时看透新闻的3个要点。

修改法律的新闻

法律和社会规则变化的时候，会产生投资机会。

假设博彩法案通过的话，很容易想到会有大笔资金流入娱乐行业和观光行业。

假设人才雇佣相关的法律缓和的话，人才的流动性增高，人才关联的行业的股价会上涨。假设减轻餐饮店的税负的法案通过的话，餐饮相关的股票会一起上涨。

这样，捕捉到修改法律等社会规则变化的消息的时候，最好联想一下**"这个会利好什么行业"**。

判决的新闻

根据不同的内容，法院（尤其是最高法院）的判决也会引起股价的大幅波动。

例如，2013年最高法院曾裁决过限制非处方药的网上销售是违反宪法的。

"Kenko.com"和"Wellnet"两家网络销售公司起诉厚生劳动省，除了维生素等第3类医药品外，禁止网上销售可能带有副作用的第1、2类医药品是违反宪法的，而最高法院认同了这一点。

基于这个判决，在东证Mothers上市的Kenko的股价涨停（现在是乐天的100%子公司）。

另一家公司Wellnet是还没有上市的有限公司，结果在Jasdaq上市的与其同名的结算代理公司的股票被错买，而股价暴涨（笑）。这样，基于判决的结果，投资机会应运而生。

如果切换视角来看，热点新闻也可以用于投资！

"大肆报道"的新闻

要点不是大事件而是被"大肆报道"这一点。

即使是大事件，如果没有大肆报道的话，对于社会、对于股价也不会产生什么影响。相反，即使是极小的事件，被大肆报道的话，带给社会较大震动，对于股价也产生影响。

例如，极端的缩小车前后间距或者左右间距的"挑衅驾驶"的新闻在社会上闹得沸沸扬扬，被视为社会问题。而作为自我防卫对策，购买行车记录仪的司机急速增加，相关股票也被买入。

另外，企业的个人信息泄露被大幅度报道的时候，很多企业重新审视安全策略，安全相关的股票上涨。

像这样即使不是大事件，但从"大肆报道"的角度来看，产生投资机会的可能性也很高。

步骤

6

要清楚
"买入时"
"卖出时"

测擅长领域的同行业中类似的价格变动

股票投资，基本都要经过"找到""买入""卖出"有潜力的股票这三步。

股票投资上不赚钱的人，一定是在这三步里的什么地方出了问题。

回到之前提到的话题，从2012年到2013年，因手游"P&D"大火的运营公司"Gungho Online Entertainment"（3765 JP）快速成长。

当时，我乘车时用手机玩"P&D"，惊奇地发现左右两边的人都在玩。正因如此，Gungho的股价才直线上升。

如果只看股价上涨的局面，虽然是暴涨，但迟早大家会厌倦游戏的。

越是疯狂痴迷的游戏，狂热退却的速度也会越快。

厌倦了游戏的用户一旦增加，收入的增长就会钝化。于是，敏感的投资者就会卖出股票，股价就会崩塌。

Gungho的股票仅1年翻了90倍，之后暴跌，并且3年后下跌到了五分之一的水准。

这样的价格变动也发生在其他公司身上。

和Gungho相同股价动向的是2013年至2014年大涨的"Mixi"（2121 JP）。

2012—2013年Gungho的股价图

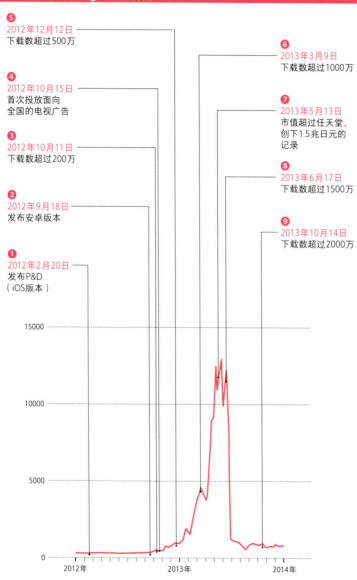

⑤ 2012年12月12日
下载数超过500万

⑥ 2013年3月9日
下载数超过1000万

④ 2012年10月15日
首次投放面向
全国的电视广告

⑦ 2013年5月13日
市值超过任天堂，
创下1.5兆日元的
记录

③ 2012年10月11日
下载数超过200万

② 2012年9月18日
发布安卓版本

⑧ 2013年6月17日
下载数超过1500万

① 2012年2月20日
发布P&D
（iOS版本）

⑨ 2013年10月14日
下载数超过2000万

15000

10000

5000

0

2012年　　　　　2013年　　　　　2014年

Mixi在2013年10月发布的手游"Monster Strike"（怪物弹珠）大流行，股价也相应大涨。

因此，以这些游戏相关的股票为例，仔细分析一下"买入时""卖出时"。

感到流行起来了的时机就是"买入时"

最初的"买入时"就是真切地感受到在自己身边已经流行起来了。

例如这样的情况。

○ 周围很多的朋友们和孩子们都在玩那款游戏

○ 在地铁里看到玩那款游戏的人越来越多

○ 实际上自己也痴迷于那款游戏，还会付费

捕捉到这些情况，就能够抓住最初的投资机会。

刚刚开始投放电视广告的时机就是"买入时"

刚开始大举投放电视广告的商品、服务的公司的股价有上涨的倾向（参照第95页）。

投放广告是因为可以确保获得广告费以上的收入和利润，出于对产品和服务的自信。

手游的话，可以时时监测"下载数量""付费率""留存率"等

2013—2014年Mixi的股价图

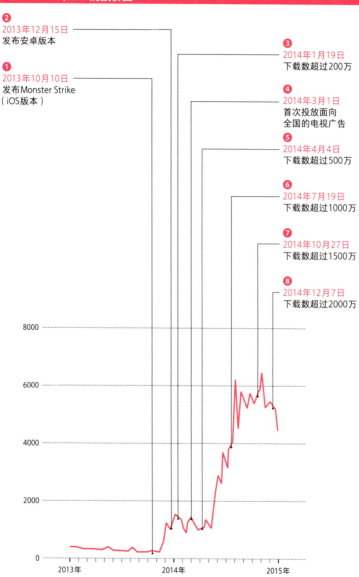

❷
2013年12月15日
发布安卓版本

❸
2014年1月19日
下载数超过200万

❶
2013年10月10日
发布Monster Strike
（iOS版本）

❹
2014年3月1日
首次投放面向
全国的电视广告

❺
2014年4月4日
下载数超过500万

❻
2014年7月19日
下载数超过1000万

❼
2014年10月27日
下载数超过1500万

❽
2014年12月7日
下载数超过2000万

8000

6000

4000

2000

0

2013年　　　　2014年　　　　2015年

的情况。

并且，也容易优化下载应用之后到付费之间的流程，实施最大化付费率和付费额的策略。

也就是说，为手游投放电视广告，至少证明是"为了最大化付费额（率）而实施的策略，因此如果能汇集用户，就可以期待高收益"。

"开始大量投放广告的商品、服务会上涨"这一点不仅适用于游戏界，也适用于全行业。

以"保证结果"的广告语而知名的RIZAP（原名健康公司），在其刚投放电视广告的时候买入股票的话（2014年6月），之后的一年内股价上涨了10倍。

相反，电视广告带来的收入增加也是有上限的。电视广告奏效，如果大家都知道了的话，电视广告带来的收入增加的效应就下降了。

那么，这回就是"卖出时"。

从市场规模倒推来判断买卖

所有行业都有"市场规模"。很重要的一点就是针对市场规模，估算这家公司具有多大的成长潜力。

看一下Puzdora的股价和下载数量的推移就知道，下载数超过"1300万"左右，股价开始暴跌。

这个时候到底发生了什么？尽管下载数量还在上涨，一段期间内使用1次以上的"活跃用户"已经触及天花板，收入也同样见顶。

也就是说，即使有新用户下载游戏，这之前的付费用户已经开始离开了。

一旦活跃用户触及天花板，即使单人的付费额不变，收入也见顶了。

这样比起新增用户，辨别出流失的用户数量开始增多的时机极为重要！

对于日本手游市场，增长开始放慢的时机就是1300万下载数。

以这个为标准，Mixi股票的下载数100万、200万的时候还是"买入时"，超过1000万下载的时候，就可以判断"快要到卖出时"了。

同样的股票，从股价的波动可以推测出大致的走势！

 新扩散理论"的拥护者

我想大家现在应该已经理解，在集中投资小盘股时，很重要的一点是凭借消费者感知捕捉到社会上的流行。

商品、服务在社会上普及前，抓住上涨趋势而投资，转入下降趋势前卖出，就可以获得大幅收益。

要想抓住这个流程的整体走势，**"创新扩散理论"**起到很大作用。这是社会学者埃弗雷特·罗杰斯1962年提出的理论，即使现在也适用。

根据创新扩散理论，喜欢新商品、新服务的消费群体会先购买创新的商品、服务，如果"普及率超过16%"，会加速购买。

再细致地看一看，最初购买新商品、新服务的是**"创新者"（创新者占全体消费者的2.5%）。**

接下来，看到这个反应，对流行敏感的**"早期使用者"（早期使用者占全体消费者的13.5%）**就会开始购买。

创新者（2.5%）和早期使用者（13.5%）开始购买后，超过了"普及率16%"，一口气就会在社会上站稳脚跟。

这个点叫作"鸿沟"（真正普及前市场存在的鸿沟），商品、服务站稳脚跟，就叫作"跨越鸿沟"。

于是，不甘落后于潮流而比较谨慎的**"早期大众"（占全体的34%）**也开始购买。

接下来，持有怀疑态度的"**晚期大众**"（**占全体的34%**）也会蜂拥而至。

最后，对于新鲜事物抱有抵触情绪、最为保守的"**迟缓者**"（**占全体的16%**）也会购买。

以这个创新扩散理论为基础，**买股票的时机就是在早期使用者开始购买的时点，卖股票的时机就是在早期大众开始购买的时点。也就是在跨越鸿沟前买入，跨越鸿沟后卖出。**

"早期使用者"开始购买的时点，也是公司花费心思投放广告之后。

捕捉流行全程图的创新扩散理论

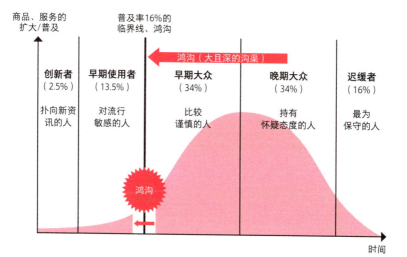

也许你会想：如果在"创新者"这个更早的时点投资的话，能够获得更大的收益。其实这个时候只有一部分热衷的人才会关注，股价在一段时间内都不会波动。

原本就不是所有的商品、服务都能达到"普及率16%"并且跨过这个鸿沟。

这个时点还不能判断新商品、新服务能否在社会上流行，因此在创新者阶段投资为时过早。

即使早晚都会流行，股价也有可能上涨，但社会的认知还没有跟上，股价长时间不动的话，会造成机会成本。

卖出时也是，早期大众开始购买的时点，股价开始大跌的可能性已经增加。

从早期使用者向早期大众转变之前就是最好的卖出时点。

这时候，在某种程度上广告已经渗透，也是大家都已经认知的阶段了。

创新扩散理论思考iPhone的普及

了解了创新扩散理论十分有帮助，我们就再举一个例子应用一下。

我们回顾一下iPhone在市面上的普及。

第3代iPhone（3G和3GS）是在2008—2009年推出的，那时

传统手机的市占率极高，智能手机还没有广泛地普及。

这个时候，主要是创新者在购买iPhone。

但是，2010年iPhone4开始销售后，智能手机一下子普及开来。这个时期早期使用者开始购买，是跨越鸿沟的时点，相当于"买入时"。

将iPhone的普及应用于创新扩散理论的例子

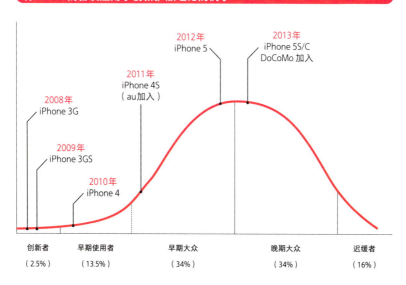

2012年
iPhone 5

2013年
iPhone 5S/C
DoCoMo 加入

2011年
iPhone 4S
（au加入）

2008年
iPhone 3G

2009年
iPhone 3GS

2010年
iPhone 4

创新者
（2.5%）　　早期使用者
（13.5%）　　早期大众
（34%）　　晚期大众
（34%）　　迟缓者
（16%）

2011年，iPhone 4S发售后，KDDI（au）也开始销售当初软银独家销售的iPhone，iPhone的认知度一下子提高了。

并且2012年虽然iPhone5发售，但相当于早期大众的阶段。是"卖出时期"。

之后的2013年，iPhone5S/C发售，NTT DoCoMo也加入进

来，这就到了后期大众的阶段，潮流已经要过去。

再举一个例子，看一下虚拟货币"比特币"的价格变动。

比特币诞生于2009年，2017年之前很长一段时间，只有一部分人在交易。在这个时候，是创新者的阶段。

这个时期的比特币价格没有什么变化，对于一般人来说是很"很可疑的东西"。

但是，2017年以后，虚拟货币交易所的电视广告开始播出。

于是，比特币的认知度逐渐上升，到了早期使用者的阶段。

电视广告刚播出的时候，就是比特币的"买入时"。

随着在一般大众中的认知度越来越高，比特币的价格也逐步攀升。

从2017年的秋季到冬季，明显看到平时不投资的一般职员和大学生也开始热烈地讨论虚拟货币。

2017年年初不到1000美元的比特币价格，在同年12月17日暴涨到近2万美元。

在那之前对投资完全不感兴趣的人都开始对虚拟货币抱有兴趣，明显就是跨越了鸿沟。

这就是能否从初期追随者向早期大众过渡的时点，也就是"卖出时"。

也可以说，"别人都谨慎时，就是买入的时机"，"平时不投资的人都开始抱有兴趣了，就是卖出的时机"。

这与肯尼迪总统的父亲、交易大师约瑟夫·肯尼迪避开了

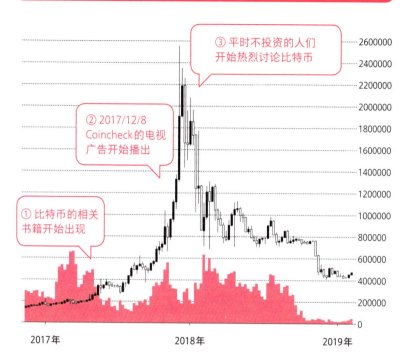

比特币的成交量和价格变化

③ 平时不投资的人们开始热烈讨论比特币

② 2017/12/8 Coincheck 的电视广告开始播出

① 比特币的相关书籍开始出现

2017年　　　　2018年　　　　2019年

2600000
2400000
2200000
2000000
1800000
1600000
1400000
1200000
1000000
800000
600000
400000
200000
0

别人都谨慎时"买入"，别人都感兴趣时"卖出"

1929年的大萧条时说的"擦皮鞋的小伙子都开始讨论股票的涨跌了，就该卖了"异曲同工。

约瑟夫·肯尼迪在泡沫鼎盛时期的纽约华尔街街头去擦皮鞋时，擦皮鞋的小伙子边擦鞋边对他说："听说现在股票很赚钱！还能继续涨，不买的话，太亏了。我也打算买，大叔您也买吧。"

看到完全是门外汉的擦鞋小伙都向他推荐股票，他意识到"这样很危险"，便卖出了所有股票，因此而躲过世界经济危机。

步骤

7

股价图的活用法

读懂股价图另一侧的"投资者的情绪"

长期来看，股价是"考虑时间成本后公司未来盈利的数字"。

但实际上，偏离理论数字的股价却很常见。

原因就是，股市中还有人的情绪存在，而这些情绪左右着短期的股价。

读懂这些"人的情绪"的行为就是"技术分析"。

> 技术分析 ＝ 从表示股价动向的"股价图"里发现趋势和类型，进而预测股价走势

"读懂股价图"就是"读懂股价图另一侧很多投资者的情绪"。

技术分析里有很多指标，如果细说的话，没有尽头。

并且，刚开始使用技术分析的人倾向于记住很多指标，流于技巧。

但是，实际上没有必要！

想提高打高尔夫球的水平，比起练习各种型号的杆，不如就练习7号杆高效，投资也一样。

也就是说，比起记住各种各样的技术指标，掌握基础的知识可以灵活应用是最好的。

记住应用不好的指标，也只是浪费时间，因此我们接下来就只看看要点。

从股价图来看"不能买"的股票

先说说从股价图来判断"不能买的股票"。大致分为两类。

 持续下跌的股票

 无人问津的股票

也许你会想："这不是显而易见的吗？"

但是，在底部买入，打算上涨后卖出的投资者，大概率会出手这样的股票，但结果一般以失败告终。

那么，为什么不能买呢？我就分别详细地说一说。

持续下跌的股票

持续下跌的股票，无论多有魅力，基本上都不要买。

前面说过，股票投资就是"猜测选美比赛谁会赢的游戏"（参照第48页），**持续下跌的股票也可以说就是"大家都认为不可爱的股票"。**

不管是你多喜欢的股票，周围的人都认为不可爱的话，即使你再支持，如果没有压倒性的投票数（投资额）的话，位置（股价）也不会上升。

从上市之初我就开始关注的东证Mothers的游轮旅行专属网上预约公司"Bestone.com"（6577 JP）是HIS创始人泽田秀雄先生的长子泽田秀太先生为法人代表且控股的公司。

Bestone.com自2018年4月25日上市以来，尽管业绩上涨，但是股价一直处于下行趋势。

之后，股价触底，于2019年1月31日股票以1：2比例分割，转为上升趋势。

这样业绩较好的公司，虽然花些时间，但某个时点就会触底反弹。

为了这个"真好"的时刻，可以把处于下跌趋势的公司放进"触底反弹购买清单"。

☑ 无人问津的股票

因为"股票是人气投票",所以不要买无人问津的股票。

无人问津的股票"成交量少,几乎是没有买卖的股票"。

当然,尽管有实力但被搁置的股票也有,**但至少现在没有人注意到,距离股票上涨还有很长的时间。**

我投资的在东证1部上市的"Pepper Food Service"(3053 JP),运营牛排店"突如其来的牛排"。从我在新宿看到店门口排的长队,觉得"这家公司会涨"到股价实际开始波动经过了大约1年。

这期间,股票的成交量很小,就是横盘不动。

虽然没有大的亏损也没有大的收益,这样Pepper Food Service就把资金套牢了,也就无法获得"把同样的资金投资到其他股票的收益"。

这些看不到的机会成本,实际还很大。

可以把这样的股票放进"开始放量、受到关注后的购买清单"。

如果是有实力的公司,因为相关新闻而开始波动的时机购买也不迟。

 股价图来看"不能卖"的股票

购买的股票上涨后就产生浮盈，之后就有了新课题"什么时机卖出"。

因此，接下来我们就说说从股价图来看"不能卖出的时机"。

结论就是，"还处于上升期"的股票不能卖。

成交量小、保持平稳趋势的股价图（Pepper Food Service 的案例）

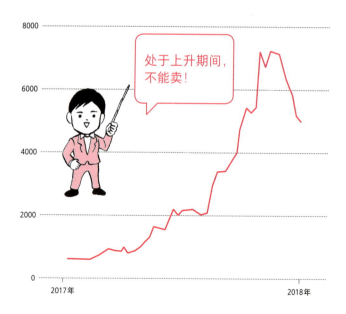

这个大家也会认为是"理所当然"的，但是很多个人投资者不赚钱都是因为有浮亏时不及时止损，而刚有浮盈就立即卖出。

只有很少的收益就一点一点确认收益，但是一旦不能止损的话就会损失大笔资产，所以总体来看赔钱的投资者非常多。

如果想在投资上获利的话，就必须做正相反的事情。

实际上，产生浮亏的股票早点止损，而再投资到有浮盈的股票，整体的投资收益会提升。

如果想在投资上获取高收益，基本就是"立即止损""长期持有上涨的股票"。

再来温习一下巴菲特先生的金句：**"股票投资的一切在于，在适当的时机挑选好的股票之后，只要它们的情况良好就一直持有。"**

有时候，股价也会大幅上涨，超出股票的潜力。

"因大家购买而上涨，因上涨而大家进一步购买"的上升螺旋也会发生。

就像前面提到的，股价图的另一侧是活生生的投资人，所以要想象很多人的心理活动。

这种情况，即使觉得有些高估，在估计上升趋势开始转跌的时机卖出，收益也会很高。

至于判断"上升趋势转跌"的依据，则主要参考代表标的公司过去动向的股价图。

可能有点难，看K线（一天的行情动向）的时候，股价如果稍稍跌破短期日均线，并且过去跌破短期移动平均线但又反弹几次，这时不要卖出而是持有。

这是股票的特性决定的，虽然不能一概而论，但参考这只股票过去的价格变动可以判断持有到何时。

这个时候的注意事项很简单。上升趋势坍塌时，却没有任何根据盲目自信地抱有"反正会反弹"的想法一直持有。

要放弃能卖在最高点的想法，本着"稍微下跌一些就卖出"的态度就好了。

上涨趋势的股价图的案例

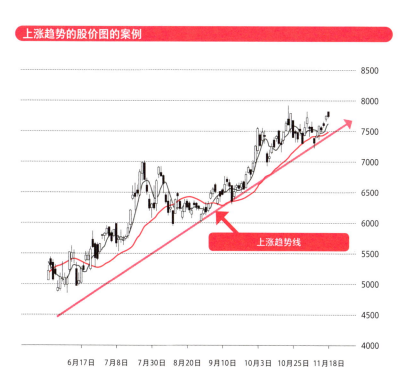

上涨趋势线

不要自我满足于股价图的
技术理论！必须实战！

143

步骤

8

股票投资中不要做的
8件事

决定不做什么，这就是投资

美国苹果公司的联合创始人史蒂夫·乔布斯曾说过："决定不做什么，这才是经营。"

要想在股票投资中赚钱，很重要的就是"决定不做的事情"。不要浪费时间，集中精力做该做的事情。

因此，也算是把本书解释过的内容汇总，检查一遍股票投资中不能做的事情。

❌ 不要分散投资

投资的世界里，很早就有一种说法："不要把鸡蛋放到一个篮子里"（放到一个篮子里的话，摔掉篮子，鸡蛋就全都摔坏了），也是警示集中投资一种资产的风险。

为了规避风险，"分散投资"被看作一个常识，但我自己却得出一个完全相反的结论。

很多投资人认为分散投在几只股票上更安全，但实际上，这就是不赚钱的投资的典型代表。

比起分散投资，集中投资反而更安全！

到目前为止，从教授个人投资者的经验来说，初学者可集中投资1只股票，若熟悉投资，即使资金增加，最多集中投资3只股票，这样做效率最高。

　　我认为"把鸡蛋放到一个篮子里"才是正解（但是，要彻底调查是哪一个篮子）。

　　沃伦·巴菲特先生也说："分散投资不是规避风险，而是'规避无知'。"

　　著名的"投资组合理论"表明，分散投资可以在维持期待收益率的同时降低风险。

　　但是，**分散投资是以亿为单位的大量资金进行运作的情况才有效的。**

　　一般的个人投资者如果分散投资的话，一定会发生类似"咦？当时为什么买这只股票？"这样的混乱，所持股票的管理也变得松散。

篮子很重要！

×"不要把鸡蛋放到一个篮子里"
（放到一个篮子里的话，摔掉篮子，鸡蛋就全都摔坏了）

○"把鸡蛋放到一个篮子里"
（但是，要彻底调查是哪一个篮子）

　　说到分散投资的风险，我经常拿孩子的数量举例。请试着回答一下下面这个问题。

Q. 有10个孩子和只有1个孩子，哪种情况更了解孩子？

　　答案很简单。只有1个孩子的话，很容易掌握他在哪里做什么；有10个孩子的话，要知道他们在哪里做什么会相当困难。

　　同样，分散投资在很多只股票里的话，结果就是对所有的股票的了解都是一知半解的。

　　在我教过的个人投资者中，有人同时持有100只以上的股票。那个人连自己有什么都不清楚。

　　因浮亏而套牢的股票很多，投资的表现也上不来。

　　资金和时间都有限的个人投资者如果想高效赚钱的话，越是分散投资效率越低！

　　那么，还有一个问题。

Q. 下面哪种情况是在认真地寻找投资标的？
　"用现有的资金分散投资10只股票"
　"用现有的资金集中投资1只股票"

分散投资几只股票，精力也被分散，还会滋生虽然"还有很多不太理解的东西，就这样吧"类似的妥协心理。

分散投资10只股票的话，每只股票上花费的时间和精力都是有限的。

投资后，对所持股票的跟踪也会疏忽，留意不到甚至会错过相关的新闻。

但是，**集中投资1只股票的话，"不能失败"的意识会很强烈，会更加细致地调查。**

投资之后，日常查看相关的新闻，也不会错过公司的公告，可以妥善地跟踪。

也可以很快地了解价格变动，把握价格变动的特点，作为投资人的技能也能相应提升。

从分散投资很安全
这个偏见中跳出来

✖ 不要持有一直下跌的股票

被价格下跌的股票一直套牢的人很多，这个也不要做。

例如，买了某个公司的股票，转眼间就下跌10%—20%。

即使想着"业绩也不错，还是持有吧"，其实在那个时点止损、赎回现金才是上策。

因为，之后持有1年的话，即使收益是0或者转正，投在那只股票里的资金也被锁定了1年。

在那期间，就错失了投到其他上涨的股票的机会。

假设投资一个由3只股票构成的投资组合（资产构成比例）。半年后去查看一下那个组合，卖出回报最低的那只股票，把钱再投进回报最高的那只。

调整由3只股票构成的组合的示意图

● **最初搭建的组合**

● **半年后调整的组合**
（卖出回报最低的1，再买进回报最高的3）

　　比起一直持有原来的组合，仅是这样定期调整组合就会获得压倒性的高回报。

　　像之前提到的很多个人投资者，倾向于马上卖出有些浮盈的股票，却一直持有浮亏的股票。

　　与之相反，尽早止损浮亏的股票，长期持有浮盈的股票，组合的表现会非常好，一定要试一试。

　　开始下跌的股票，一直下跌；开始上涨的股票，一直上涨。这是投资中不可思议的7个现象之一。

✗ 不要购买知名的大公司的股票

　　刚开始投资的人容易犯的错误就是买入众所周知的大公司的股票。

　　大学毕业生的就职人气排行榜靠前的也都是知名度很高的大公司。

Mynavi和日本经济新闻社共同对2020年毕业生就"就职企业人气排行榜"进行的调查发现，文科里靠前的是JTB（日本最大的旅行社）、全日空航空公司、东京海上日动火灾保险、索尼、日本航空，理科靠前的是索尼、味之素、明治食品、可果美、富士通等，哪个都是有名的大公司。

这些谁都知道的大公司，社会信用度高，看起来很稳定。

但是，社会意义上的好公司和作为投资标的的好公司完全不一样！

人们对一般意义上的好公司的印象是"经营稳定的大公司""福利待遇优厚，工资也高的白名单公司""传统且有品牌的公司"等等。

但是，对于投资人来说好公司的定义，归结到一点就是"接下来股价会大涨的公司"。大家都已经清楚，**对于投资人来说，**

比起"就职企业人气排行榜"，
要投资那些即便现在籍籍无名但接下来会成长的公司！

不是现在有名的大公司，而是即便现在籍籍无名，但在不远的将来变得有名的公司才是好公司。

以前，和几位个人投资者座谈时，一位参会者说道："最近买了觉得不错的公司的股票，结果买后就大幅下跌……"

其他的参会者都询问"买了哪家呀"，回答道："迅销和软银。"

问了一下买这两家公司的理由，对方回答道："因为优衣库的柳井先生和软银的孙先生都是值得尊敬的经营者，公司的业绩也不错……"

也就是说，投资了"拥有值得尊敬的知名经营者，而且业绩也不错的公司"。

我也认同这两家都是出色的公司，柳井先生和孙先生也都是杰出的经营者。

但是，**不要忘了，通过股票投资大幅获利的投资者应该买的公司是现在规模还很小接下来股价会大幅上涨的公司。**

这一点，迅销也好，软银也好，都是市值已经达到数兆日元规模的巨型企业，至少一年内股价翻3倍以上的机会几乎为零。

重要的不是投资标的是否有名，而是它的"成长性"！

当然，如果3年后、10年后，以更长的维度来考虑的话，股价翻2倍、3倍的可能性也不是没有，但在那段时间里，锁定在股票里的资金就成了机会成本。

❌ 不要看股价买股票

说到"不要看股价买股票"，很多人脑海中也许会浮现问号。便会问："不看股价买股票的话，那看什么呢？"

对，不是股价，而是"市值"！

和很多个人投资者交谈时都听到类似"因为股价便宜才买的"或者相反的"股价贵了所以没买"等评论，大家很自然地把股价当作投资判断的基准。

例如"1股1万日元的股票有点贵，很难下手"，相反"1股100日元的股票很便宜，容易出手"。

当然，对于从少量资金开始的个人投资者来说，可以投资的单位股数（最低单位）是多少很重要。

但是，**股价毕竟只是"单价"，只看股价无法判断股票是低估还是高估。**

用手指去捏起一丝圆白菜，被问到"这个1日元，不买些吗？"不会有人"因为便宜，买一些的"。因为无法判断圆白菜的合适的价格。

要判断圆白菜便宜还是贵，不是看被切下来的丝，而是要知道一整颗菜的价格。

　　毕竟股价是那家公司被切后的一个丝，仅从这个数字上无法把握公司的实际情况。

　　买股票的时候，不是看股价，而是看那家公司的"市值"（买下整个公司需要的价格）！

　　如果说股价有意义的话，那就是"股票分割"的时候。希望更多投资人来购买股票的公司，伴随股价上涨而进行股票分割，进而降低"股价"，更易于投资者购买。

　　购买1股3000日元、单位股数是100股的股票所需资金是30万日元，股票按照1比3的比例分割的话，1股1000日元，10万日元就可以买到。

　　因为需要的最低限度的投资金额减少到三分之一，有更多的个人投资者可以买得起。

　　因此，**公司发布股票分割的消息后，股价都有上涨的倾向。**

不是看"股价"（被切下来的一个丝），
而是看市值（一整颗圆白菜）来做投资判断

其实，虽然由于股票分割，投资那家公司所用的最低单价下降，但是买下整个公司的价格（市值）本质上没有变化。

不论怎样细切圆白菜，圆白菜的总量没有变化。道理是相同的。

如果不理解股票分割的本质而进行投资的话，某天突然发现自己所持的股票大幅下跌，还会慌乱起来。

很多投资者不看市值而自然而然地看股价，是因为提供投资信息的杂志和网站、证券公司等总是把股价推到最前面。

很多介绍具体公司的杂志和网站，虽然列举股价，但是一概不提市值相关的信息。另外，投资人也存在问题，比起市值总在寻求股价的信息。

如果想在投资中盈利，不要判断股价的高低，而必须要查看市值的规模。

"那家公司虽然有名，但是市值很低，所以值得关注"或者"虽然不是很有名，但是市值已经这么高了"，这样的评论才直击本质。

仅此一点，选择股票的方法就会发生很大的变化。

要养成不看股价而看市值的习惯

✖ 不要买社交网络上热议的股票

从个人投资者那里听到这样的话题越来越多，"买了那家知名投资人推荐的股票"，"Twitter上有名的那个人评论了，所以买了"。

买入著名投资人推荐的股票，还挺有说服力的，也不用自己去思考，好轻松。

但是，**绝对不能囫囵吞枣地就买了知名投资人推荐的股票和Twitter上热议的股票。**

就连巴菲特先生，也在得知老师格雷厄姆买的股票后，因为"格雷厄姆买了"而买过相同的股票。

但那之后，据说巴菲特先生被格雷厄姆先生的朋友、投资人路易斯·格林先生揶揄道："投资是用自己大脑思考后决策的，而不是因为别人推荐才买的。"听说自那以后，他就开始自己调查、自己思考后进行投资。

有数万Twitter粉丝的知名投资人评论过的股票，确实会有很多买盘。

但是，如果有人针对某只特定的股票在Twitter上发布积极的评论的话，最好想成希望让自己所持的股票上涨而进行持仓的评论。

Twitter上的评论越热烈，就有越多的人来买股票，股价越会上涨，而当事人可能在盘算着"卖出时机"。

要留意这些股票呈现一种扑克牌中抽大王的状态（而且还有几张王），股价可能暴涨，也可能瞬间坍塌。

如果紧盯屏幕的股价图，做随时跟踪股价变化的日内交易的话可以这样操作，但如果不是的话，无论多有名的投资者推荐，没有经过自己大脑的思考，绝对不要买。

同样，不可以不经思考，囫囵吞枣地买入投资杂志上介绍的股票、收费信息推荐的股票。

人，想轻松赚钱的潜在意识很强，这也是很多投资者容易犯的典型的错误，因此我在这里一遍又一遍地强调。

不能直接接受知名投资人推荐的股票

✖ 不要买不懂的股票

所有成功的投资人都一致认同"不要买不懂的股票"。

刚开始投资的人常说"股票投资很恐怖"，这是因为"买了不懂的股票"。

"恐怖"的情绪是对"不能理解"而产生的情绪，和害怕幽灵和鬼怪是同样的道理。

那你会觉得"买汽车很恐怖吗？"

因为我们知道踩上汽车的油门就前进，踩上刹车就停止，转动方向盘就可以向左右转向，所以不会对买汽车本身产生"恐怖"的情绪。

股票可能会赔钱，所以才会感到恐惧，但是如果对那只股票（那家公司）足够了解的话，"恐怖"的情绪就会淡化。

那么，理解是什么样的状态呢？

就是把下面提到的事项都可以给别人解释清楚的状态。

☑ **业务内容**

☑ **商业模式**

☑ **商品和服务的竞争优势**

☑ **社长是什么样的人**

☑ **大股东是谁**

有位个人投资者曾向我咨询："我认为接下来半导体会上涨，所以投资了半导体，您怎么看？"

我就问他："为什么认为半导体会上涨呢？"他回答道："投资杂志的特辑里写的。"

这时我就可以判断，**"这个人并没有通过自己的思考，而是囫囵吞枣地进行了投资"**，但还是追问了一个问题。

"有很多半导体公司，为什么选择了那家？"

于是，对方回答："嗯，以前听说过这家公司，觉得还不错。"

从这个对话就可以了解，这位投资者自己并没有调查过那家半导体公司，就按照接收到的信息做了投资判断。

如果十分了解的话，可以流畅地给出像下面这样的解释。

"从世界范围来看，电子产品的需求还在增长，其中半导体是电子产品中不可或缺的零部件。另外，虽说是半导体，也分很多种，而这家公司的半导体的技术，以薄和轻著称，在世界范围获得好评，已在20多个国家取得专利权。这家公司最近开发的新型半导体，将应用在手机上，将比既有产品薄30%、轻10%。如果这个半导体被iPhone等采用的话，预计收入将增加1000亿日元，那么，市值就有可能翻3倍。"

自己所持的股票，至少要能解释到这种程度。

（所以不要分散投资，而要集中投资！）

要彻底做到"不买不懂的公司的股票"，一定要聚焦在自己熟悉的或者十分感兴趣的行业。

这样，不懂的行业自然就被排除在外，投资标的虽然少了，但不是问题。

相应地，将投资标的聚焦在与自己工作相关的行业、与个人爱好相关的行业、自己实际体验过而且能够理解其业务的公司等，毫无疑问胜率会大幅提升。

并且，因为是自己感兴趣的领域，还有一个好处就是可以享受调研本身这个过程。

要能向别人流畅地解释清楚自己投资的公司！

✖ 不要买银行和证券公司推荐的基金

这样讲会遭到银行和证券公司的人的厌恶，但事实如此，我还是仔细讲清楚。

日本金融厅估算的"夫妇二人需要的养老资金是2000万日元"。虽然让社会哗然，但因为对于养老资金的担忧而对投资感兴趣的人最近越来越多了。其中，向我咨询"基金怎么样"的人越来越多。

自2018年1月起，银行、证券公司、邮局都在积极地销售以基金为基础的"NISA"（Nippon Individual Savings Account，日本个人储蓄账户）。

　　这些金融机构推荐的基金等金融商品，最好想成"都是金融机构为了赚钱而开发的商品"。

　　前面也说过，对于已经有亿万资产的人来说，作为"防守型的投资"，基金也许是一个选择，**但对于一般的个人投资者来说，通过基金进行资产运作的话，资产也不会增加多少。**

　　实际上，基金这样的金融产品，并不是为了投资人赚钱，而是为了让出售方的银行和证券公司赚钱而创建的。

　　这个商业模式的本质是银行和证券公司基本上通过资金运作的手续费来赚钱，无论股价涨还是跌，金融机构都赚钱。

　　考虑其经济合理性，对于金融机构来说，其商业策略就是"创造出受投资者欢迎的基金产品"。

　　也就是说，**基金这样的金融产品是基于"如何让很多投资者购买，进而赚取手续费"而设计出来的。**

　　顺应时代的变化，很多基金产品问世。IT业盛行的时期，会有很多纳入IT关联股票的基金；确定东京奥运会、残奥会举办时，有大笔资金流入房地产投资，所以产生很多新的不动产信托基金（REIT）。

　　这样的基金是否上涨，说实话，他们也不知道。如果知道上涨的话，就不卖给投资者了，他们自己一定会尽量多买来赚钱的。

　　正因为不知道会不会涨，自己不承担购买的风险，而是选择卖给大众赚取手续费这一"可靠的业务"。

　　只要投资者购买了自己创建的基金，就会赚取手续费，就会竭尽全力、源源不断地创造更多受投资者欢迎的金融产品。

这就是基金的商业模式。

尤其是销售员强烈推荐的金融产品，最好不要认为可以赚钱。

2018年12月9日，软银（9434 JP）高调上市，但与1500日元的发行价相比，开盘价仅为1463日元，造成破发。

但是，这种情况在某种程度上是可以预料到的。

这是有前兆的。一个就是各证券公司的销售人员都十分卖力地推销。

很多投资者都说接到了几个证券公司的销售人员打来的电话推荐道："不买一些软银的IPO（首次公开发行）新股吗？"

各处的投资者之间也都传言说，销售人员提到了"可以确保比平时更多的股票数量"。

因此也可以推测"软银的IPO的销售情况不佳"。

为了获取IPO和市场动向的信息，和证券公司的销售人员打交道本身并不是坏事。

但是，要认识到他们强烈推荐的原因，不是让投资者赚钱，而是他们自己要赚取手续费。

❌ 不要把投资委托给别人

到目前为止，我和1200个个人投资者接触过，发现很多人理所当然地认为"投资就是把钱委托给他人来运作"。

其中，还有很多这样的投资人。

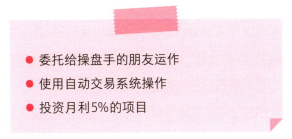

- 委托给操盘手的朋友运作
- 使用自动交易系统操作
- 投资月利5%的项目

如果是相当信赖的操盘手还好，但其中还有每天5%分红的项目和"3个月返还1.5倍"等看起来明显就很可疑的项目。

尤其是因为高收益而委托给他人的投资，最好做好血本无归的思想准备。

也许最开始的几个月还有分红。但从我的经验来看，这样的分红九成以上一年内就会停止了，和对方也联系不上，本金也要不回来。

话说回来，强调高收益、从个人投资者那里集资，足以说明这不是正经八百的投资项目。

正经八百的投资项目，不需要特地从个人那里募资，都会找一定规模以上的投资基金，会有很多基金投资的。

想想看也是理所当然的，每月5%分红的投资项目，如果每月不能持续地创造出5%的收益，就无法维持分红。

考虑到公司的运营成本等，每月最低要持续创造出10%的利润。

假设有可以持续创造每月5%以上的高收益模型的话，没有必要特意支付高利息从个人那里小规模地筹资。

可以从银行那里借钱，也可以从企业那里借钱。现在是低利率时代，通过这些渠道借钱的话，要远比月利5%低很多。

保证月利5%的金融产品，反过来看就是不支付月利5%的话募不到钱，也说明是信用度很低的人在运作。

每个月都有分红的投资项目，整体而言对于投资人是不利的。从运作方的立场来考虑，每月分红意味着每月都要相应地提取现金。

而用于分红的钱不能去投资，投资的效率就会下降。这就是恶性循环。

既然知道这些劣势，还强调"每月分红"的金融产品，是因为个人投资者的需求很高。

一强调"每月分红"，很多人就会产生每月稳定地领取工资和养老金的错觉。

甚至可以说是抓住人的心理的"罪孽深重的商品"。

实际上，每月分红类型的投资项目的投资效率很低，早晚就会跌破本金，不得不筹措分红了。

这样，如果新来的投资者减少了，资金就减少，就没有办法支付分红，也无法还本，最后就联系不上了。

一定要多加注意！

基本就是不要把
钱委托给别人！

委托给他人运作的后果

像我这样的投资者，经常收到一些投资项目的信息。

和一般的股票投资有所不同，介绍一些把钱委托给他人运作的后果。

以前经常有"投资转卖奢侈品的生意"这样的项目。

听说是拜访富豪的家里，用现金买来二手的奢侈品，在乐天和Mericari等网站上转卖，1次能赚20%。

也就是说，购买二手奢侈品需要现金，所以需要筹集这部分资金。

商业模式就是买来后转卖，分享卖出去后的利润的一部分乍一看很合理，作为生意也成立，就试着投资了。

虽然最初的几次拿到了分红，但渐渐地觉得不对劲。

于是，"奢侈品和银行账号都被国税厅给扣押了"，收到一些也不知道是真是假的理由，只能忍气吞声，结果就是血本无归。

再说说我朋友的例子。他听说一个FX（外汇交易）的投资项目里有个"天才操盘手"。

见到那个天才操盘手的时候，操盘手还给他展示有旧电话簿那么厚的"操盘业绩"。

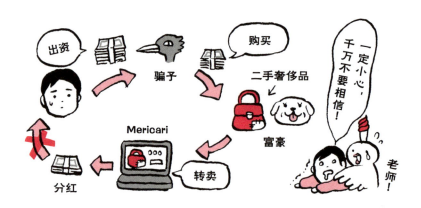

操盘手介绍说以月利5%筹资运作，过去1年没亏，并且每个月持续地赚10%—15%。

理论上，交易业绩很好，签约的公司也是不错的公司。

但是，实际投资后，最开始的几个月还有分红，之后就联系不上了。

那之后，千方百计地调查，才发现交易业绩都是假的。其实一次也没有交易过，从投资人那里筹集来的资金（本金）直接用于分红了。

被骗的投资人作为原告，发展到诉讼的阶段，但即使投资人胜诉，自称天才的操盘手也没有钱，很难收回本金。

社会上有很多类似这样带有诈骗性质的资金委托案件。

我自己的感受是，**回报高（月利3%以上）的投资项目，3个月内大约一半，半年内大约80%，一年内大约90%，3年内大约99%都不见踪迹了。**

基本上就是不要把钱委托给他人投资。

无论如何都要委托的话，最好就想成"把钱给人家了"。

后　记

结交投资伙伴，
扩大资产

每当被问到"成为亿万富翁的捷径是什么"时，我都会回答"集中投资小盘股"。而且，也说下面这一点。

要结交投资伙伴，向成功的投资者学习。

当然，投资也可以自学。我就是自学的。

自学虽好，但为了可以更早成功，也要结交投资伙伴，学习成功的投资者的方法和想法。

从失败的经验中学习不要再次失败的方法。

刚开始投资的人更应该结交投资伙伴。

投资老手最初也是投资新手，新手遇到的难点基本都经历过。

向这样的投资者前辈学习"那个地方容易犯错，要小心"，就会用探路的拐杖避开问题。

投资伙伴既可以在现实世界里也可以通过SNS（社交网络）找到，先在网上结识一下很好。

（感兴趣的读者也可以查一下我发起的叫作ixi的投资团体。）

通过结交投资伙伴，可以接触到和自己不同的看法和想法，以及自己跟踪不到的信息。

如果是有孩子的投资者，还会接触到孩子中间流行的游戏、有人气的补课班等信息。

　　如果是在广告行业工作的投资人，会搜集到最近广告费增加的公司和行业的信息。

　　当然，不仅是获取信息，也要有互利互惠的精神，分享自己从工作中和家人那里获取的信息。

　　如果是20多岁、30多岁的投资者，对最新的流行比较敏感，而中老年的投资者对面向老年人的商品、服务以及医疗等关注度较高，能听到作为当事人的想法。

　　无论怎样，结交投资伙伴，和他们交换信息，可以获得自己无法获得的广泛的信息和深刻的洞察。

　　在投资上，拥有一个有投资伙伴的环境是非常宝贵的财产。但是，和Twitter的信息一样，投资伙伴所持的股票，也不可以不经思考就效仿买入。

　　如果本书可以在提高投资知识、增加投资经验、结交投资伙伴上给读者提供一点帮助，作为作者的我将深感荣幸。

远藤洋

2019年12月

一个月的日程表

一边投资一边旅行

（以2019年6月为例）

星期一 Monday	星期二 Tuesday	星期三 Wednesday
3 写作、晚上和投资人朋友聚餐	**4** 和企业家团队交换信息并召开学习会、晚上直接晚餐会	**5** 检查合同、晚上和朋友喝酒
10 （新加坡） 和当地的朋友召开工作会议	**11** （新加坡） 工作会议	**12** （新加坡） 工作会议、参观当地企业家的办公室→聚餐
17 （帕岸岛） 前往泰国的××岛、和5位朋友现地集合参加派对	**18** （帕岸岛） 借来一辆自行车环岛骑行、晚上在当地和朋友晚餐	**19** （苏梅岛） 从帕岸岛来到苏梅岛的丽思卡尔顿酒店
24 （苏梅岛） 回东京的航班	**25** 在家放松	**26** 白天读书、傍晚开始在企业家朋友的办公室里打麻将、章鱼烧派对

星期四 Thursday	星期五 Friday	星期六 Saturday	星期日 Sunday
		1 乘坐哈萨克斯坦飞往东京的航班、午餐会、晚上BBQ	**2** ixi关西支部会、写作、调整持仓组合
6 和企业家午餐会、下午一个会、晚上在家里的会客厅举行日本酒酒会	**7** 和企业家朋友开工作会、晚上叫来寿司师傅在家里和企业家朋友聚餐	**8** 完成合同修订的反馈稿、和企业家开会、参加朋友的婚礼和酒会	**9** 投资标的公司的董事会、乘坐飞往新加坡的航班
13 （新加坡） 工作会议	**14** （马来西亚） 飞往吉隆坡的航班、在夜市晚餐	**15** （马来西亚） 考察投资用的房地产项目	**16** （马来西亚） 在酒店的大堂里读书、工作
20 （苏梅岛） 和朋友打高尔夫球	**21** （苏梅岛） 在酒店的泳池里放松、前往Airbnb上租用的别墅（和投资社团的20名主要成员会合，晚上派对）	**22** （苏梅岛） 和ixi成员乘船去环岛游	**23** （苏梅岛） 水上摩托绕岛环游一周、晚上大家一起BBQ
27 晚上和投资伙伴晚餐	**28** 下午有两个工作会议、晚上和朋友去了两国的精酿啤酒屋	**29** 读书、写作、制作分享会的资料	**30** 召开面向一般大众的股票投资分享会、晚上在银座享用传统日本料理